Impressum
Verlag: BABADADA GmbH, Nedderfeld 112 , 22529 Hamburg
Geschäftsführer / Verlagsleitung: Harald Hof
Druck: Books on Demand GmbH, In de Tarpen 42, 22848 Norderstedt

Imprint
Publisher: BABADADA GmbH, Nedderfeld 112 , 22529 Hamburg, Germany
Managing Director / Publishing direction: Harald Hof
Print: Books on Demand GmbH, In de Tarpen 42, 22848 Norderstedt

1

paaralan
σχολείο

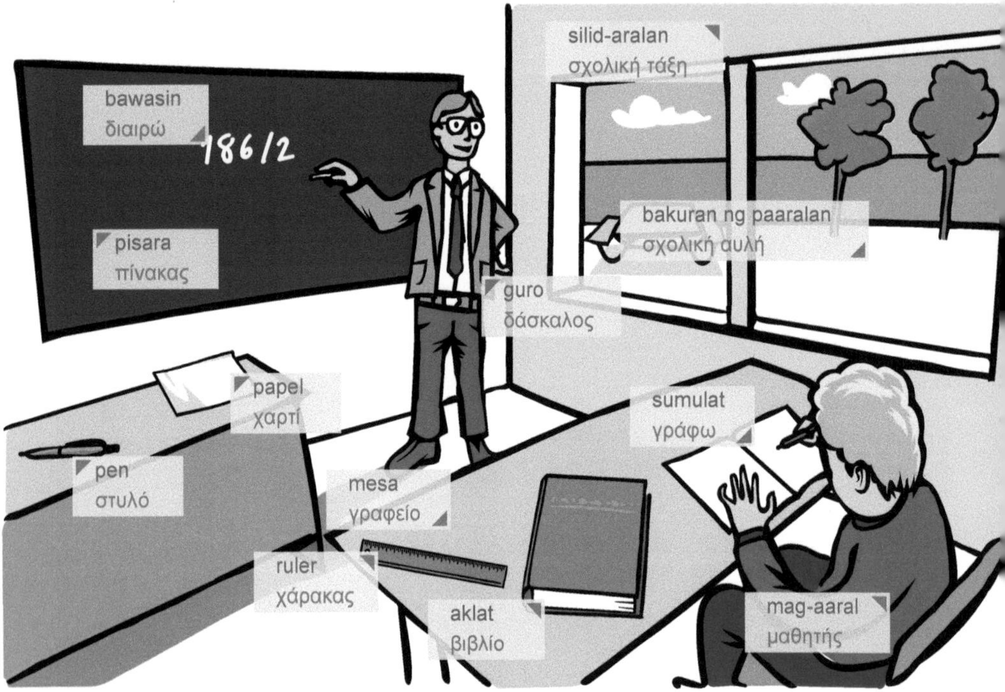
silid-aralan
σχολική τάξη
bawasin
διαιρώ
186/2
pisara
πίνακας
bakuran ng paaralan
σχολική αυλή
guro
δάσκαλος
papel
χαρτί
sumulat
γράφω
pen
στυλό
mesa
γραφείο
ruler
χάρακας
aklat
βιβλίο
mag-aaral
μαθητής

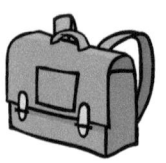

satchel

σχολική τσάντα

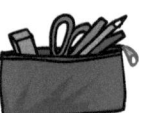

lalagyan ng lapis

κασετίνα/ μολυβοθήκη

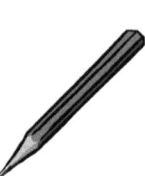

lapis

μολύβι

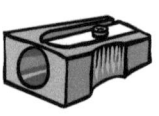

pantasa

ξύστρα

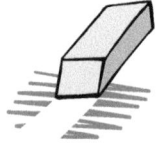

goma

γόμα

drowing pad

μπλοκ ζωγραφικής

drowing

ζωγραφική

pinsel na pampinta

πινέλο

kahon ng pinta

κουτί χρωμάτων

gunting

ψαλίδι

pandikit

κόλλα

aklat para sa pagsasanay

τετράδιο ασκήσεων

takdang-aralin

εργασία για το σπίτι

numero

αριθμός

dagdagan

προσθέτω

bawasin

αφαιρώ

paramihin

πολλαπλασιάζω

kalkulahin

υπολογίζω

liham

γράμμα

alpabeto

αλφάβητο

salita

λέξη

teksto

κείμενο

basahin

διαβάζω

yeso

κιμωλία

leksyon

μάθημα

rehistro

εγγράφομαι

eksaminasyon

τεστ

sertipiko

πιστοποιητικό

uniporme sa paaralan

μαθητική στολή

edukasyon

εκπαίδευση

encyclopedia

εγκυκλοπαίδεια

unibersidad

πανεπιστήμιο

mikroskopyo

μικροσκόπιο

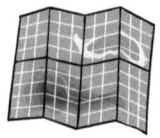

mapa

χάρτης

basurahan ng papel

καλάθι αχρήστων

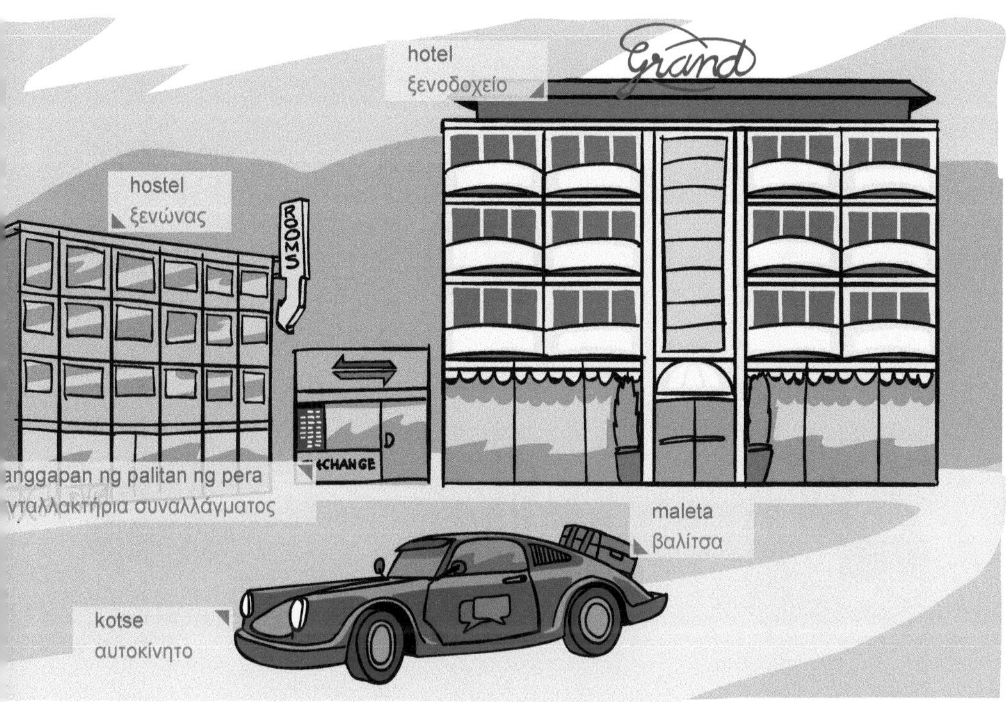

hotel
ξενοδοχείο
Grand
hostel
ξενώνας
ROOMS
EXCHANGE
anggapan ng palitan ng pera
νταλλακτήρια συναλλάγματος
maleta
βαλίτσα
kotse
αυτοκίνητο

wika

γλώσσα

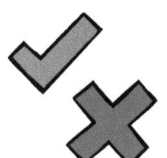

oo / hindi

ναι / όχι

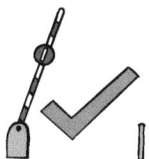

Okey

εντάξει

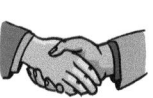

kumusta

γεια σου

tagapagsalin

μεταφραστής

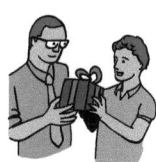

Salamat

Ευχαριστώ

magkano ang...?

πόσο κάνει ;

Hindi ko maintindihan

Δε καταλαβαίνω

problema

πρόβλημα

Magandang gabi!

Καλησπέρα!

Magandang umaga!

Καλημέρα!

Magandang gabi!

Καληνύχτα!

paalam

Αντίο

direksyon

κατεύθυνση

bahage

αποσκευές

bag

τσάντα

napsak

σακίδιο πλάτης

panauhin

καλεσμένος

silid

δωμάτιο

sakong tulugan

υπνόσακος

tolda

σκηνή

impormasyon ng turista

ουριστικές πληροφορίες

dalampasigan

παραλία

credit card

πιστωτική κάρτα

almusal

πρωινό

tanghalian

μεσημεριανό

hapunan

δείπνο

tiket

εισιτήριο

elebeytor

ανελκυστήρας

selyo

γραμματόσημο

hangganan

σύνορα

adwana

τελωνείο

embahada

πρεσβεία

visa

βίζα

pasaporte

διαβατήριο

transportasyon
μεταφορά

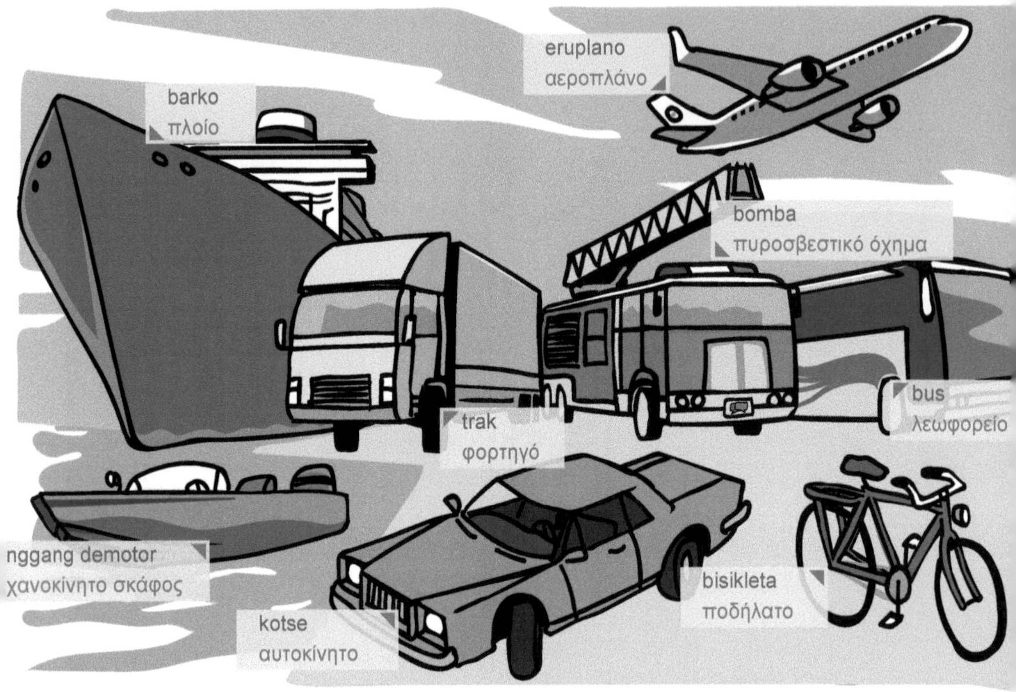
eruplano
αεροπλάνο
barko
πλοίο
bomba
πυροσβεστικό όχημα
bus
λεωφορείο
trak
φορτηγό
nggang demotor
χανοκίνητο σκάφος
bisikleta
ποδήλατο
kotse
αυτοκίνητο

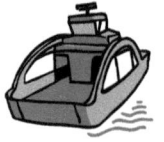

lantsang pantawid
φεριμπότ

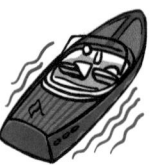

bangka
βάρκα

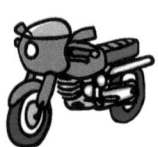

motorsiklo
μοτοσικλέτα

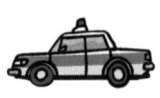

sasakyan ng pulis
περιπολικό

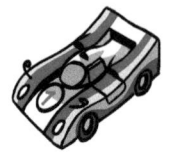

kotseng pangkarera
αγωνιστικό αυτοκίνητο

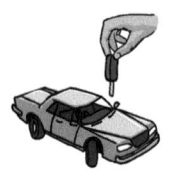

nirerentahang kotse
ενοικιαζόμενο αυτοκίνητο

car sharing

αμοιρασμός αυτοκινήτων

trak na panghila

γερανός

trak na pantapon ng basura

απορριμματοφόρο

motor

κινητήρας

panggatong

καύσιμο

gasolinahan

βενζινάδικο

karatula ng trapiko

πινακίδα σήμανσης

trapiko

κυκλοφορία

masikip na trapiko

κυκλοφοριακή συμφόρηση

paradahan ng kotse

χώρος στάθμευσης

estasyon ng tren

σιδηροδρομικός σταθμός

riles

σιδηροδρομικές γραμμές

tren

τρένο

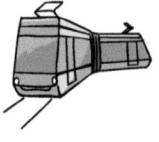

trambya

τραμ

wagon

βαγόνι

helikopter

ελικόπτερο

paliparan

αεροδρόμιο

tore

πύργος

pasahero

επιβάτης

sisidlan

εμπορευματοκιβώτιο

karton

χαρτοκιβώτιο

kariton

καρότσι

basket

καλάθι

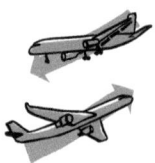

umalis / lumapag

απογειώνομαι /
προσγειόνομαι

lungsod

πόλη

nayon

χωριό

sentro ng lungsod

κέντρο της πόλης

bahay

σπίτι

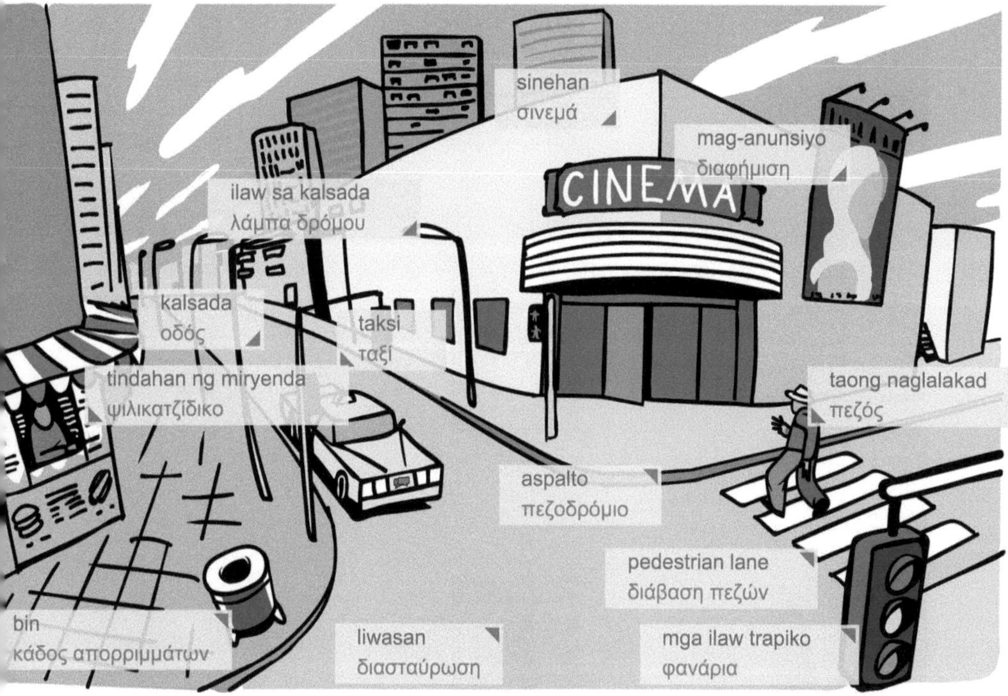

sinehan
σινεμά

mag-anunsiyo
διαφήμιση

ilaw sa kalsada
λάμπα δρόμου

kalsada
οδός

taksi
ταξί

tindahan ng miryenda
ψιλικατζίδικο

taong naglalakad
πεζός

aspalto
πεζοδρόμιο

pedestrian lane
διάβαση πεζών

bin
κάδος απορριμμάτων

liwasan
διασταύρωση

mga ilaw trapiko
φανάρια

kubo
καλύβα

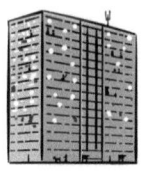

patag
διαμέρισμα

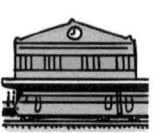

estasyon ng tren
σιδηροδρομικός σταθμός

munisipyo
δημαρχείο

museo
μουσείο

paaralan
σχολείο

lungsod - πόλη

unibersidad

πανεπιστήμιο

bangko

τράπεζα

ospital

νοσοκομείο

hotel

ξενοδοχείο

parmasya

φαρμακείο

opisina

γραφείο

tindahan ng aklat

βιβλιοπωλείο

tindahan

κατάστημα

tindahan ng bulaklak

ανθοπωλείο

supermarket

σούπερ μάρκετ

palengke

αγορά

department store

πολυκατάστημα

tindahan ng isda

ιχθυοπωλείο

sentrong pamilihan

εμπορικό κέντρο

daungan

λιμάνι

parke

πάρκο

bangko

παγκάκι

tulay

γέφυρα

hagdan

σκάλες

underground

μετρό

tunel

τούνελ

hintuan ng bus

στάση λεωφορείου

bar

μπαρ

restawran

εστιατόριο

kahon ng koreo

γραμματοκιβώτιο

karatula sa kalsada

πινακίδα δρόμου

metro ng paradahan

παρκόμετρο

zoo

ζωολογικός κήπος

swimming pool

πισίνα

moske

τζαμί

bukid
αγρόκτημα

polusyon
ρύπανση

libingan
νεκροταφείο

simbahan
εκκλησία

palaruan
παιδική χαρά

templo
ναός

tanawin

τοπίο

dahon
φύλλο

posteng pananda
πινακίδα κατεύθυνσης

daan
δρόμος

parang
λιβάδι

bato
πέτρα

kahoy
δέντρο

hiker
πεζοπόρος

ilog
ποτάμι

damo
χορτάρι

bulaklak
λουλούδι

lambak

κοιλάδα

burol

λόφος

look

λίμνη

kagubatan

δάσος

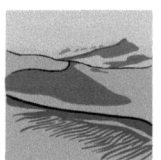

disyerto

έρημος

bulkan

ηφαίστειο

kastilyo

κάστρο

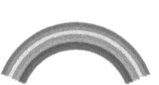

bahaghari

ουράνιο τόξο

kabute

μανιτάρι

palmera

φοίνικας

lamok

κουνούπι

langaw

μύγα

langgam

μυρμήγκι

bubuyog

μέλισσα

gagamba

αράχνη

salagubang

σκαθάρι

palaka

βάτραχος

ardilya

σκίουρος

parkupino

σκαντζόχοιρος

liyebre

λαγός

kuwago

κουκουβάγια

ibon

πουλί

sisne

κύκνος

bulugan

αγριογούρουνο

usa

ελάφι

moose

άλκη

dam

φράγμα

turbina ng hangin

ανεμογεννήτρια

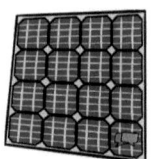

solar panel

ηλιακός συλλέκτης

klima

κλίμα

tanawin - τοπίο

restawran

εστιατόριο

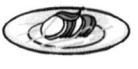

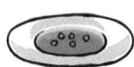

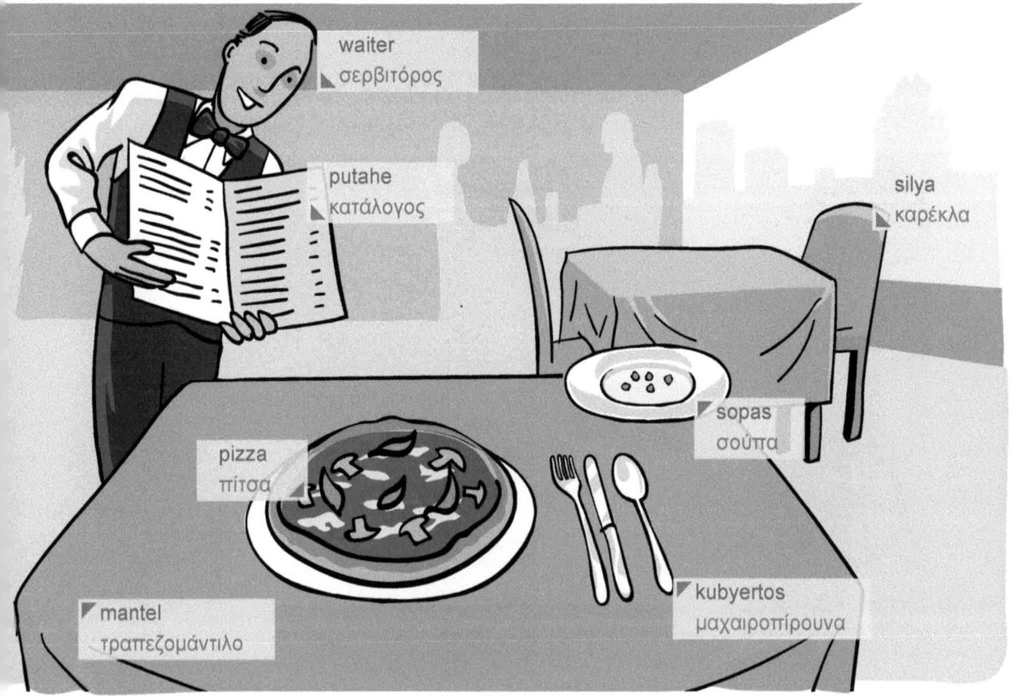

waiter
σερβιτόρος
putahe
κατάλογος
silya
καρέκλα
sopas
σούπα
pizza
πίτσα
kubyertos
μαχαιροπίρουνα
mantel
τραπεζομάντιλο

panimula

ορεκτικό

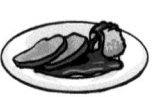

pangunahing pagkain

κύριο πιάτο

panghimagas

επιδόρπιο

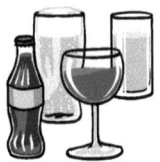

inumin

ποτά

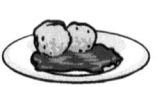

pagkain

φαγητό

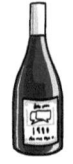

bote

μπουκάλι

fastfood

φαστ φουντ

pagkaing kalye

φαγητό στ' όρθιο

tsarera

τσαγιέρα

panutsa

δοχείο ζάχαρης

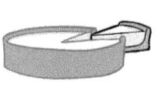

bahagi

μερίδα

espresso machine

μηχανή εσπρέσο

mataas na upuan

ψηλή καρέκλα

bayarin

λογαριασμός

bandehado

δίσκος

kutsilyo

μαχαίρι

tinidor

πιρούνι

kutsara

κουτάλι

kutsarita

κουταλάκι του τσαγιού

serviette

πετσέτα φαγητού

baso

ποτήρι

restawran - εστιατόριο

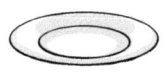

pinggan
πιάτο

platong pansopas
πιάτο σούπας

platito
πιατάκι φλιτζανιού

sawsawan
σάλτσα

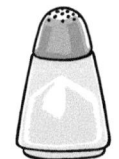

pangkalog ng asin
αλατιέρα

panggiling ng paminta
μύλος για πιπέρι

suka
ξύδι

langis
λάδι

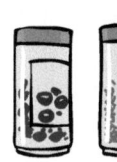

pampalasa
μπαχαρικά

ketsup
κέτσαπ

mustasa
μουστάρδα

mayonnaise
μαγιονέζα

supermarket
σούπερ μάρκετ

espesyal na alok
προσφορά
FOR
kustomer
πελάτης
produktong mantikilya
γαλακτοκομικά προϊόντα
prutas
φρούτα
troli
καρότσι για ψώνια

BUTCHERS

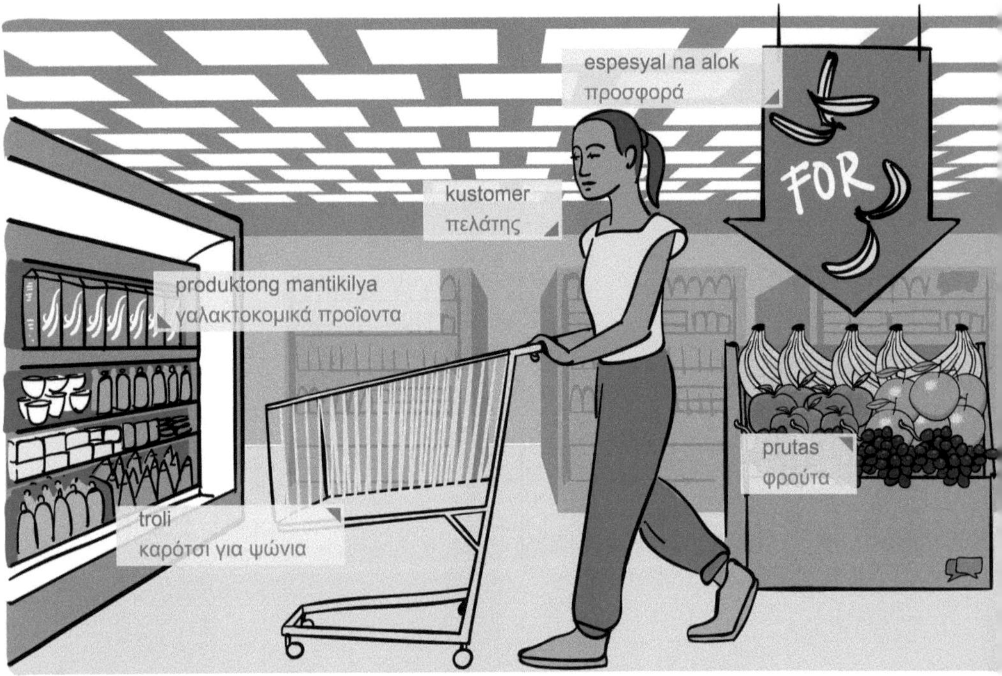

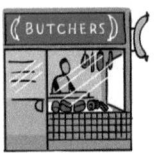

butser

κρεοπωλείο

BAKERY

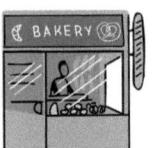

panaderya

φούρνος

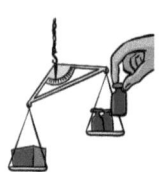

timbang

ζυγίζω

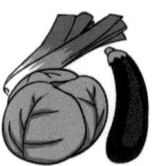

mga gulay

λαχανικά

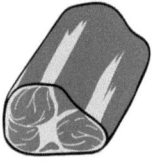

karne

κρέας

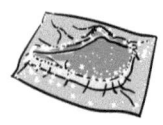

pinalamig na pagkain

κατεψυγμένα τρόφιμα

malamig na karne

αλλαντικά

delatang pagkain

κονσερβοποιημένη τροφή

pulbos na panlaba

απορρυπαντικό ρούχων

matatamis

γλυκά

mga produktong pambahay

οικιακά είδη

mga produktong panlinis

καθαριστικά προϊόντα

tindera

πωλήτρια

cash register

ταμείο

kahera

ταμίας

listahan ng pinamili

λίστα για ψώνια

oras ng pagbubukas

ωράριο λειτουργίας

pitaka

πορτοφόλι

credit card

πιστωτική κάρτα

bag

τσάντα

plastik bag

πλαστική σακούλα

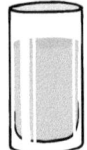

tubig

νερό

juice

χυμός

gatas

γάλα

coke

κόκα κόλα

alak

κρασί

serbesa

μπίρα

alak

αλκοόλ

kakaw

κακάο

tsaa

τσάι

kape

καφές

espresso

εσπρέσο

cappuccino

καπουτσίνο

saging

μπανάνα

mansanas

μήλο

kahel

πορτοκάλι

melon

πεπόνι

limon

λεμόνι

carrot

καρότο

bawang

σκόρδο

kawayan

μπαμπού

sibuyas

κρεμμύδι

kabute

μανιτάρι

mani

ξηροί καρποί

noodles

νουντλς

spaghetti

μακαρόνια

bigas

ρύζι

ensalada

σαλάτα

chips

πατατάκια

pritong patatas

τηγανητές πατάτες

pizza

πίτσα

hamburger

χάμπουργκερ

sandwich

σάντουιτς

piraso ng karneng walang
buto

κοτολέτα

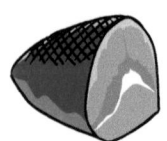

hamon

ζαμπόν

salami

σαλάμι

tsoriso

λουκάνικο

manok

κοτόπουλο

inihaw

ψητό

isda

ψάρι

mga porridge oat

χυλός βρώμης

muesli

μούσλι

cornflakes

κορν φλέικς

harina

αλεύρι

croissant

κρουασάν

rolyong tinapay

ψωμάκι

tinapay

ψωμί

tostado

τοστ

biskuwit

μπισκότα

mantikilya

βούτυρο

keso

τυρόπηγμα

keyk

κέικ

itlog

αυγό

pritong itlog

τηγανητό αυγό

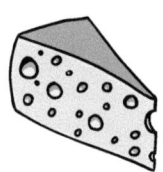

keso

τυρί

sorbetes

παγωτό

asukal

ζάχαρη

pulot

μέλι

jam

μαρμελάδα

tsokolateng pinapahid

άλλειμμα σοκολάτας

curry

κάρυ

bukid
αγρόκτημα

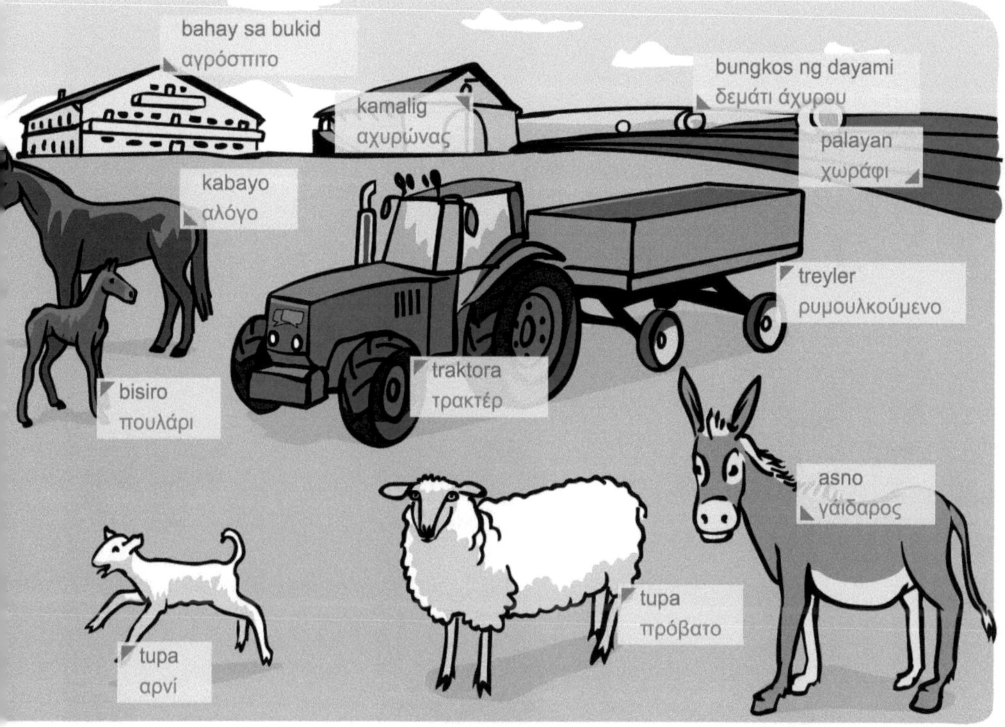

bahay sa bukid
αγρόσπιτο
kamalig
αχυρώνας
bungkos ng dayami
δεμάτι άχυρου
palayan
χωράφι
kabayo
αλόγο
treyler
ρυμουλκούμενο
bisiro
πουλάρι
traktora
τρακτέρ
asno
γάιδαρος
tupa
πρόβατο
tupa
αρνί

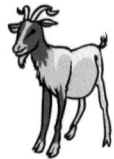

kambing
κατσίκα

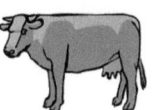

baka
αγελάδα

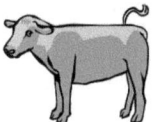

guya
μοσχαράκι

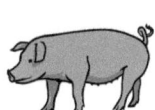

baboy
γουρούνι

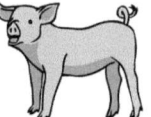

biik
γουρουνάκι

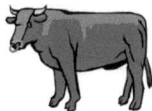

toro
ταύρος

gansa

χήνα

pato

πάπια

sisiw

κοτοπουλάκι

inahin

κότα

katyaw

κόκορας

daga

αρουραίος

pusa

γάτα

daga

ποντίκι

kapong baka

βόδι

aso

σκύλος

bahay ng aso

σπιτάκι σκύλου

hose sa hardin

λάστιχο κήπου

latang pandilig

ποτιστήρι

haras

θεριστήρι

araro

αλέτρι

karit

δρεπάνι

asarol

τσάπα

tuhugin

δίκρανο

palakol

τσεκούρι

karitela

χειράμαξα

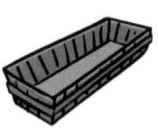

sabsaban

ταΐστρα

lata ng gatas

δοχείο γάλακτος

sako

σάκος

bakod

φράχτης

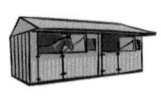

kuwadra

στάβλος

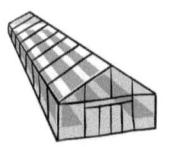

punlaan

θερμοκήπιο

lupa

έδαφος

buto

σπόρος

pataba

λίπασμα

combine harvester

θεριζοαλωνιστική μηχανή

mag-ani

θερίζω

ani

συγκομιδή

yams

γιαμς

trigo

σιτάρι

soya

σόγια

patatas

πατάτα

mais

καλαμπόκι

rapeseed

κράμβη

kahoy na namumunga

οπωροφόρο δέντρο

kamoteng kahoy

μανιόκα

siryal

δημητριακά

bahay
σπίτι

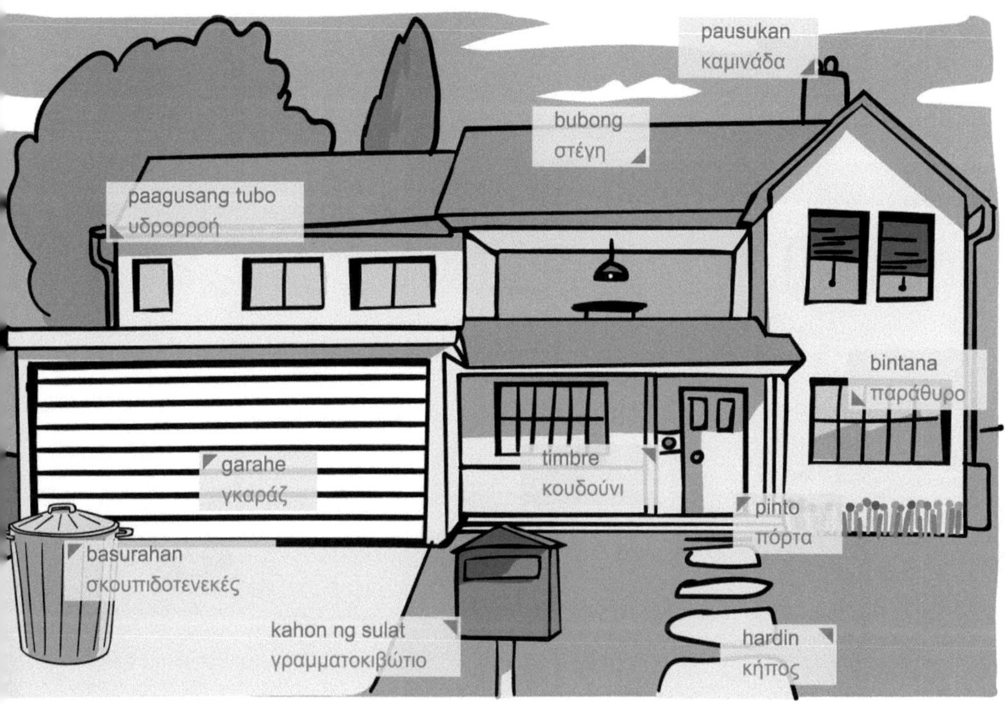
pausukan
καμινάδα
bubong
στέγη
paagusang tubo
υδρορροή
bintana
παράθυρο
garahe
γκαράζ
timbre
κουδούνι
pinto
πόρτα
basurahan
σκουπιδοτενεκές
kahon ng sulat
γραμματοκιβώτιο
hardin
κήπος

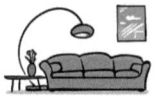

salas
σαλόνι

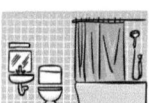

palikuran
μπάνιο

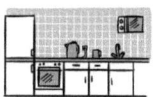

kusina
κουζίνα

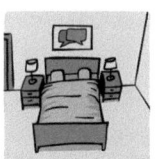

silid-tulugan
υπνοδωμάτιο

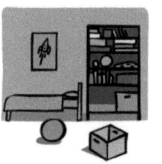

silid ng bata
παιδικό δωμάτιο

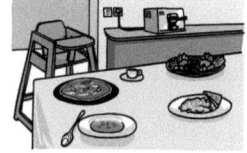

hapag-kainan
τραπεζαρία

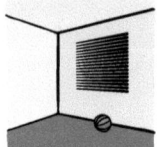

sahig

πάτωμα

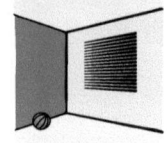

pader

τοίχος

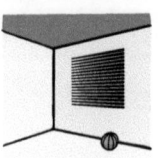

kisame

οροφή

bodega ng alak

κελάρι

sauna

σάουνα

balkonahe

μπαλκόνι

terasa

βεράντα

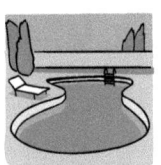

pool

πισίνα

pamputol ng damo

μηχανή του γκαζόν

piraso ng papel

σεντόνι

kobrekama

κάλυμμα κρεβατιού

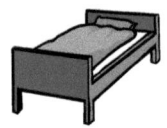

higaan

κρεβάτι

walis

σκούπα

timba

κουβάς

pindutan

διακόπτης

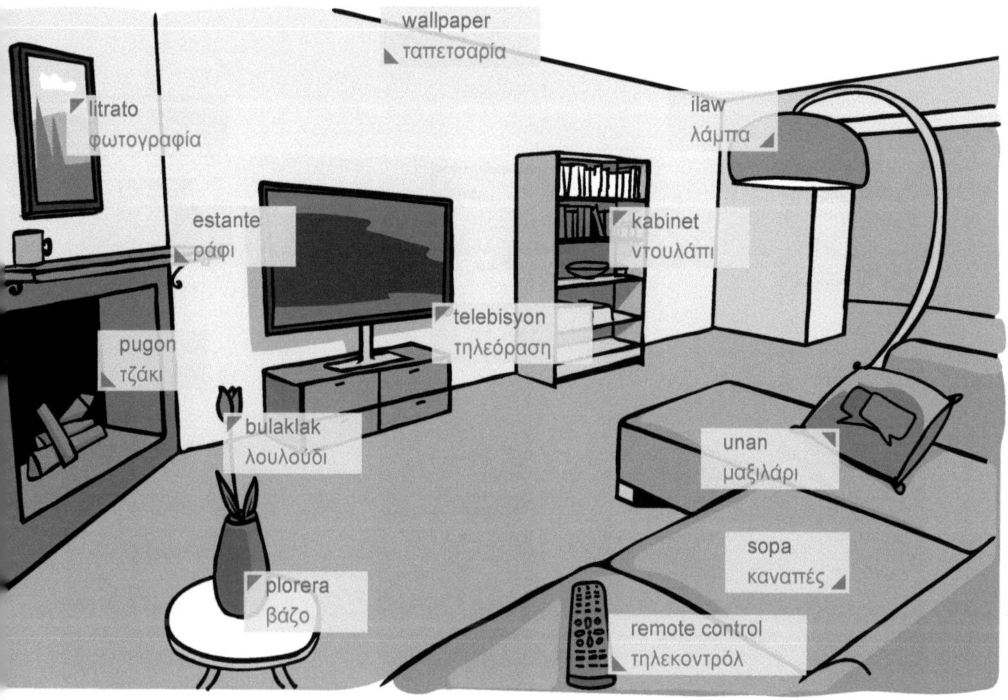

wallpaper
ταπετσαρία

litrato
φωτογραφία

ilaw
λάμπα

estante
ράφι

kabinet
ντουλάπι

telebisyon
τηλεόραση

pugon
τζάκι

bulaklak
λουλούδι

unan
μαξιλάρι

sopa
καναπές

plorera
βάζο

remote control
τηλεκοντρόλ

karpet
χαλί

kurtina
κουρτίνα

mesa
τραπέζι

silya
καρέκλα

tumba-tumba
κουνιστή πολυθρόνα

sandalan
πολυθρόνα

aklat

βιβλίο

kumot

κουβέρτα

dekorasyon

διακόσμηση

kahoy na panggatong

καυσόξυλα

pelikula

ταινία

hi-fi

στερεοφωνικό σύστημα

susi

κλειδί

dyaryo

εφημερίδα

pinta

πίνακας ζωγραφικής

poster

αφίσα

radyo

ραδιόφωνο

kuwaderno

σημειωματάριο

vacuum cleaner

ηλεκτρική σκούπα

kaktus

κάκτος

kandila

κερί

kusina
κουζίνα

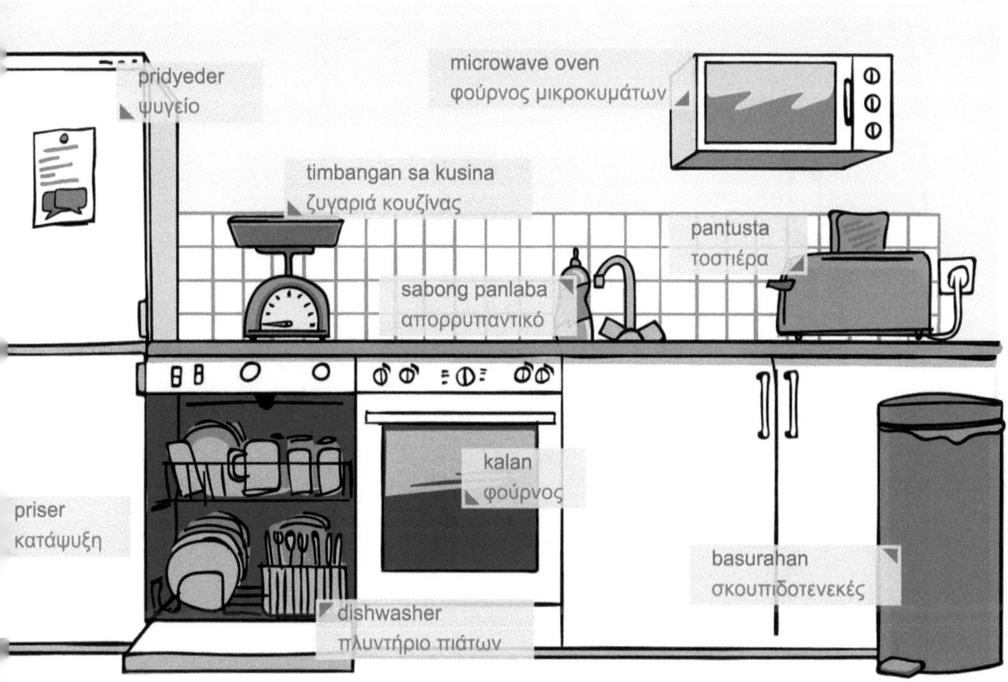

pridyeder
ψυγείο
microwave oven
φούρνος μικροκυμάτων
timbangan sa kusina
ζυγαριά κουζίνας
pantusta
τοστιέρα
sabong panlaba
απορρυπαντικό
kalan
φούρνος
priser
κατάψυξη
basurahan
σκουπιδοτενεκές
dishwasher
πλυντήριο πιάτων

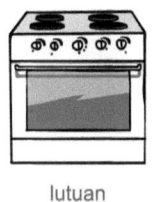

lutuan

κουζίνα

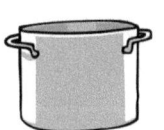

kaldero

κατσαρόλα

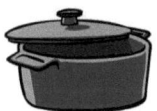

kalderong bakal

μαντεμένια κατσαρόλα

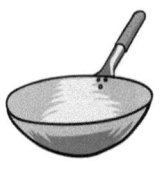

wok / kadai

γουόκ/καντάι

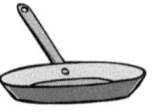

kawali

τηγάνι

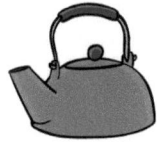

takore

βραστήρας

pasingawan

ατμομάγειρας

bandehado sa paghuhurno

ταψί

babasagin

πιατικά

mug

κούπα

mangkok

μπολ

sipit ng intsik

ξυλάκια

sandok

κουτάλα

spatula

σπάτουλα

pampalis

ανακατεύω

pansala

σουρωτήρι

salaan

σουρωτηράκι

pangkayod

τρίφτης

almires

γουδί

barbikyo

ψησταριά

siga

ανοιχτή φωτιά

tadtaran

σανίδα κοπής

rodilyo

πλάστης

tribuson

ανοιχτήρι φελλών

lata

κονσέρβα

pambukas ng lata

ανοιχτήρι κονσέρβας

panghawak ng kaldero

γάντι φούρνου

lababo

νεροχύτης

bras

βούρτσα

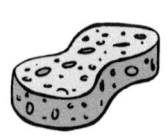

espongha

σφουγγάρι

blender

μπλέντερ

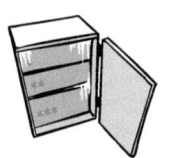

malalim na freezer

καταψύκτης

bote ng sanggol

μπιμπερό

gripo

βρύση

palikuran
μπάνιο

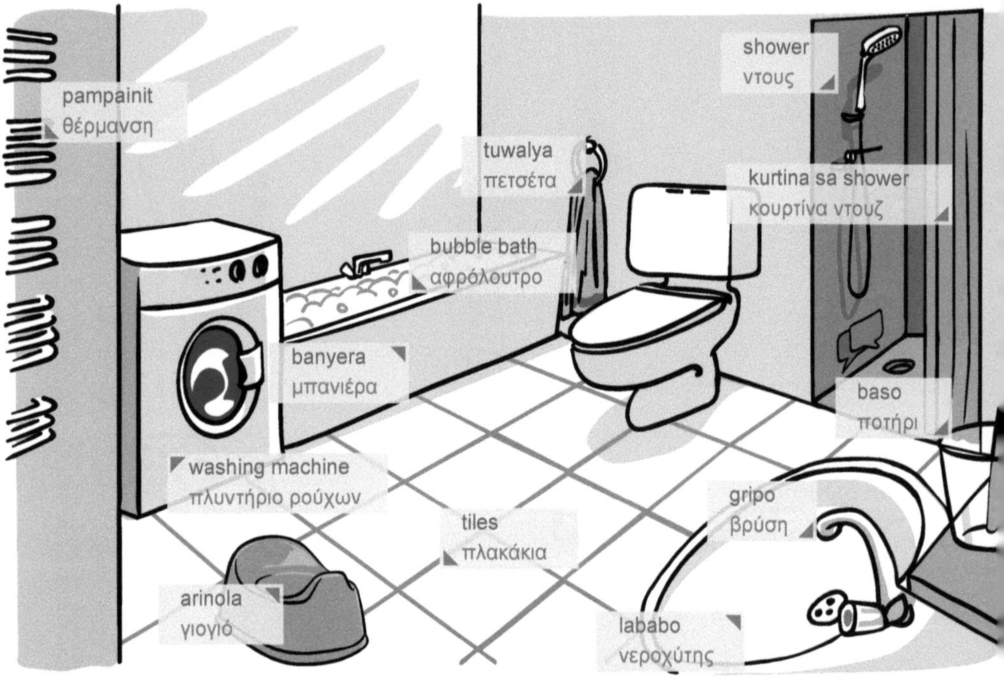

shower
ντους
pampainit
θέρμανση
tuwalya
πετσέτα
kurtina sa shower
κουρτίνα ντουζ
bubble bath
αφρόλουτρο
banyera
μπανιέρα
baso
ποτήρι
washing machine
πλυντήριο ρούχων
gripo
βρύση
tiles
πλακάκια
arinola
γιογιό
lababo
νεροχύτης

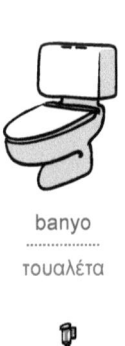

banyo
τουαλέτα

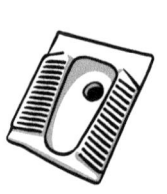

squat toilet
τούρκικη τουαλέτα

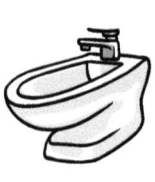

bidet
μπιντές

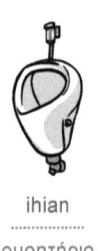

ihian
ουρητήριο

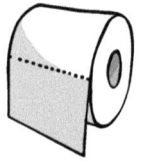

toilet paper
χαρτί υγείας

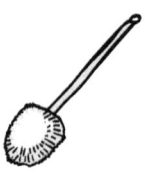

iskoba sa banyo
πιγκάλ

sipilyo

οδοντόβουρτσα

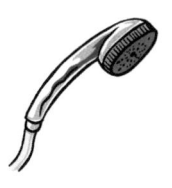

tutpeyst

οδοντόκρεμα

dental floss

οδοντικό νήμα

hugasan

πλένω

shower na hinahawakan

τηλέφωνο ντους

dutsa

ντουσιέρα

palanggana

λεκάνη

bras panlikod

βούρτσα πλάτης

sabon

σαπούνι

shower gel

αφρόλουτρο

shampoo

σαμπουάν

pranela

φανέλα

paagusan

σιφόνι

krema

κρέμα

deodorant

αποσμητικό

salamin

καθρέφτης

salaming hinahawakan

καθρέφτης χειρός

pang-ahit

ξυραφάκι

bulang pang-ahit

αφρός ξυρίσματος

aftershave

αφτερσέιβ

suklay

χτένα

brush

βούρτσα

pantuyo ng buhok

σεσουάρ

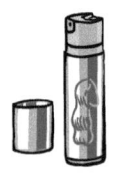

sprey sa buhok

λακ

makeup

μακιγιάζ

lipistik

κραγιόν

pampakintab ng kuko

βερνίκι νυχιών

bulak na lana

βαμβάκι

panggupit ng kuko

ψαλίδι νυχιών

pabango

άρωμα

washbag

νεσεσέρ

stool

σκαμπό

timbangan

ζυγαριά

bata

μπουρνούζι

gomang guwantes

ελαστικά γάντια

tampon

ταμπόν

malinis na tuwalya

πετσέτα υγιεινής

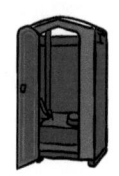

chemical toilet

χημική τουαλέτα

silid ng bata
παιδικό δωμάτιο

alarm clock
ξυπνητήρι
nayayakap na laruan
λούτρινο ζωάκι
laruang kotse
αυτοκινητάκι
kuliling
κουδουνίστρα
bahay ng manika
κουκλόσπιτο
regalo
δώρο

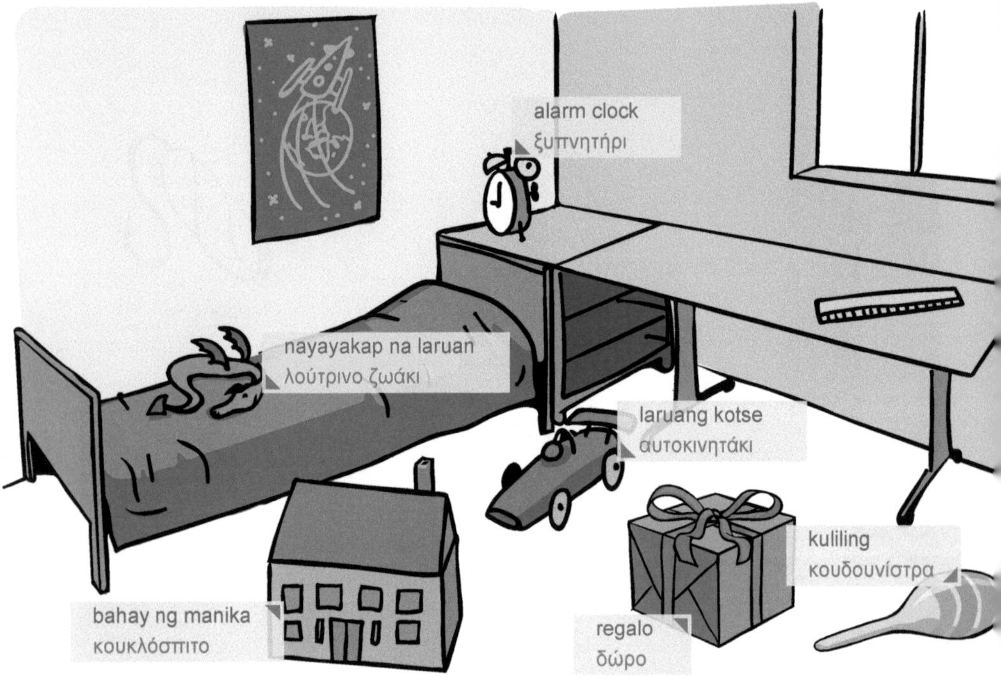

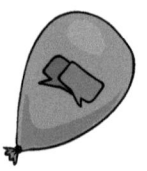

lobo

μπαλόνι

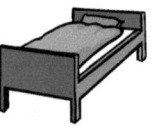

higaan

κρεβάτι

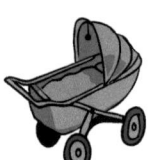

pram

καροτσάκι

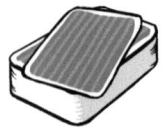

hanay ng mga baraha

τράπουλα

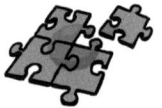

jigsaw

παζλ

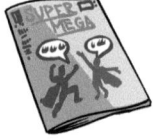

komiks

κόμικς

lego bricks

τουβλάκια lego

blokeng laruan

τουβλάκια κατασκευών

action figure

φιγούρα δράσης

paglaki ng sanggol

βρεφικό φορμάκι

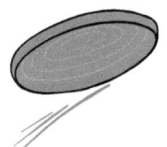

frisbee

φρίσμπι

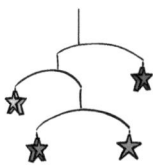

mobile

μόμπιλο

board game

επιτραπέζιο παιχνίδι

dice

ζάρια

model train set

σετ τρενάκι

manikin

πιπίλα

salu-salo

πάρτι

aklat ng mga litrato

εικονογραφημένο βιβλίο

bola

μπάλα

manika

κούκλα

maglaro

παίζω

tibagan ng buhangin

σκάμμα με άμμο

duyan

κούνια

mga laruan

παιχνίδια

video game console

κονσόλα βιντεοπαιχνιδιών

traysikel

τρίκυκλο

teddy bear

αρκουδάκι

aparador

ντουλάπα

pananamit

ρούχα

medyas

κάλτσες

stockings

καλτσοδέτες

pampitis

καλσόν

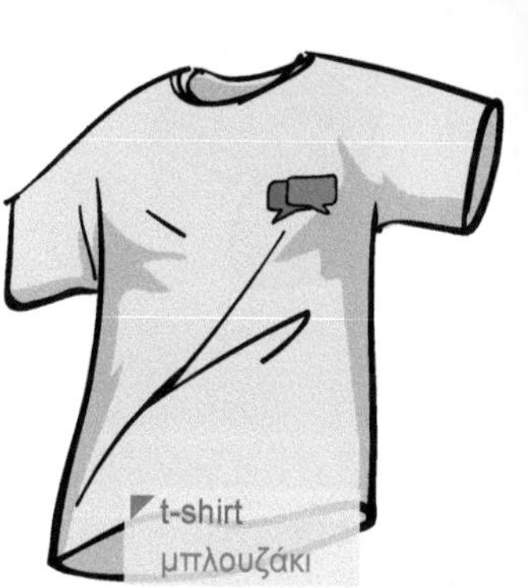

bandana
κασκόλ

sinturon
ζώνη

payong
ομπρέλα

t-shirt
μπλουζάκι

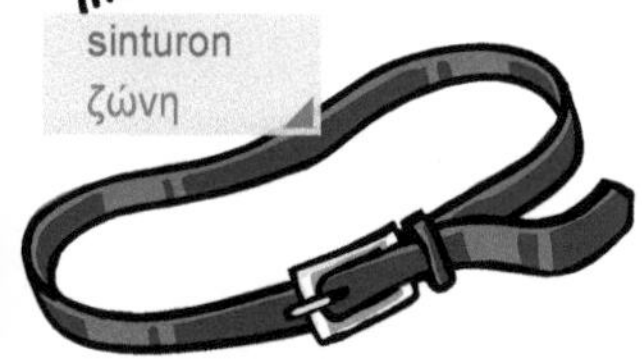

bota
μπότες

tsinelas
παντόφλες

sneakers
αθλητικά παπούτσια

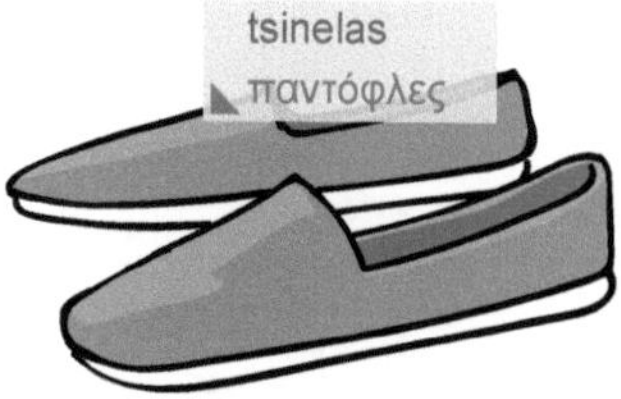

sandalyas
σανδάλια

sapatos
παπούτσια

botang degoma
γαλότσες

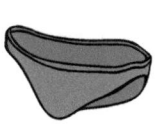

salawal
εσώρουχο

bra
σουτιέν

tsaleko
φανέλα

katawan
σώμα

pantalon
παντελόνι

jeans
τζιν παντελόνι

palda
φούστα

blusa
μπλούζα

kamiseta
πουκάμισο

pullover
πουλόβερ

panlamig
πουλόβερ

blazer
σακάκι

diyaket
μπουφάν

kapa
παλτό

kapote
αδιάβροχο πανωφόρι

kasuotan
κοστούμι

bistida
φόρεμα

damit pangkasal
νυφικό

terno

κοστούμι

damit pantulog

νυχτικό

padyama

πιτζάμες

sari

σάρι

bandana sa ulo

μαντήλι

turban

τουρμπάνι

burka

μπούρκα

kaftan

καφτάνι

abaya

μουσουλμανικό ένδυμα

panlangoy

ολόσωμο μαγιό

trunks

ανδρικό μαγιό

salawal

σορτς

tracksuit

αθλητική φόρμα

apron

ποδιά

guwantes

γάντια

butones

κουμπί

salamin

γυαλιά

pulseras

βραχιόλι

kuwintas

περιδέραιο

singsing

δαχτυλίδι

hikaw

σκουλαρίκι

takip

καπέλο

sabitan ng kapa

κρεμάστρα

sombrero

καπέλο

kurbata

γραβάτα

siper

φερμουάρ

helmet

κράνος

tirante

τιράντες

uniporme sa paaralan

μαθητική στολή

uniporme

στολή

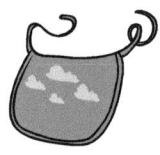

bibero

σαλιάρα

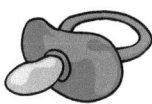

manikin

πιπίλα

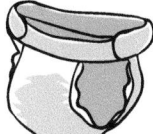

lampin

πάνα

opisina
γραφείο

server
σέρβερ
kabinet ng file
αρχειοθήκη
printer
εκτυπωτής
papel
χαρτί
monitor
οθόνη
mouse
ποντίκι
mesa
γραφείο
polder
ντοσιέ
keyboard
πληκτρολόγιο
basurahan ng papel
καλάθι αχρήστων
upuan
καρέκλα
kompyuter
υπολογιστής

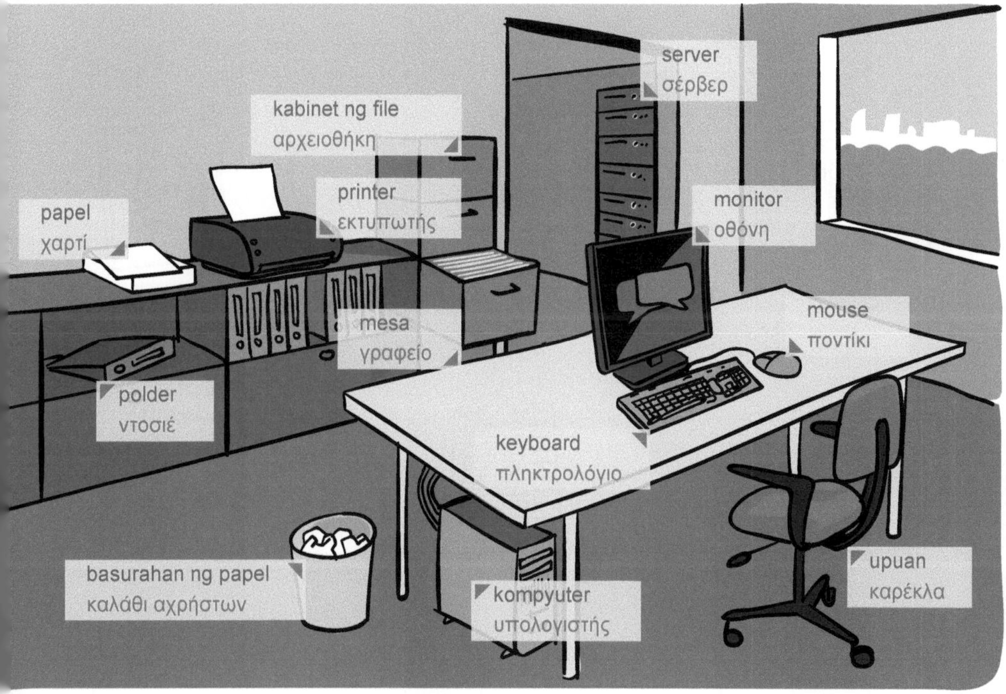

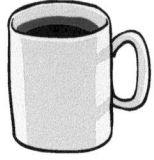

tasa ng kape

κούπα του καφέ

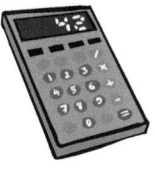

calculator

κομπιουτεράκι

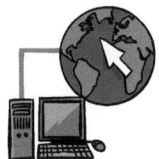

internet

ίντερνετ

laptop

λάπτοπ

sulat

γράμμα

mensahe

μήνυμα

mobile

κινητό

network

δίκτυο

photocopier

φωτοτυπικό μηχάνημα

software

λογισμικό

telepono

τηλέφωνο

saksakan

πρίζα

fax machine

συσκευή φαξ

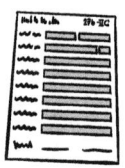

anyo

έντυπο

dokumento

έγγραφο

bumili
αγοράζω

magbayad
πληρώνω

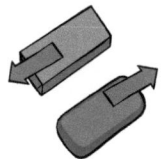

ikalakal
συναλλάσσομαι

pera
χρήματα

dolyar
δολάριο

euro
ευρώ

yen
γιεν

rublo
ρούβλι

swiss franc
ελβετικό φράγκο

renminbi yuan
ρενμίνμπι γιουάν

rupee
ρουπία

cash point
ΑΤΜ (αυτόματη ταμειακή μηχανή)

tanggapan ng palitan ng pera
....
ανταλλακτήρια συναλλάγματος

ginto
....
χρυσός

tanso
....
ασήμι

langis
....
πετρέλαιο

enerhiya
....
ενέργεια

presyo
....
τιμή

kontrata
....
συμβόλαιο

buwis
....
φόρος

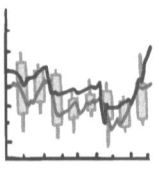

stock
....
μετοχή

trabaho
....
δουλεύω

empleyado
....
υπάλληλος

taga-empleyo
....
εργοδότης

pabrika
....
εργοστάσιο

tindahan
....
κατάστημα

mga trabaho

επαγγέλματα

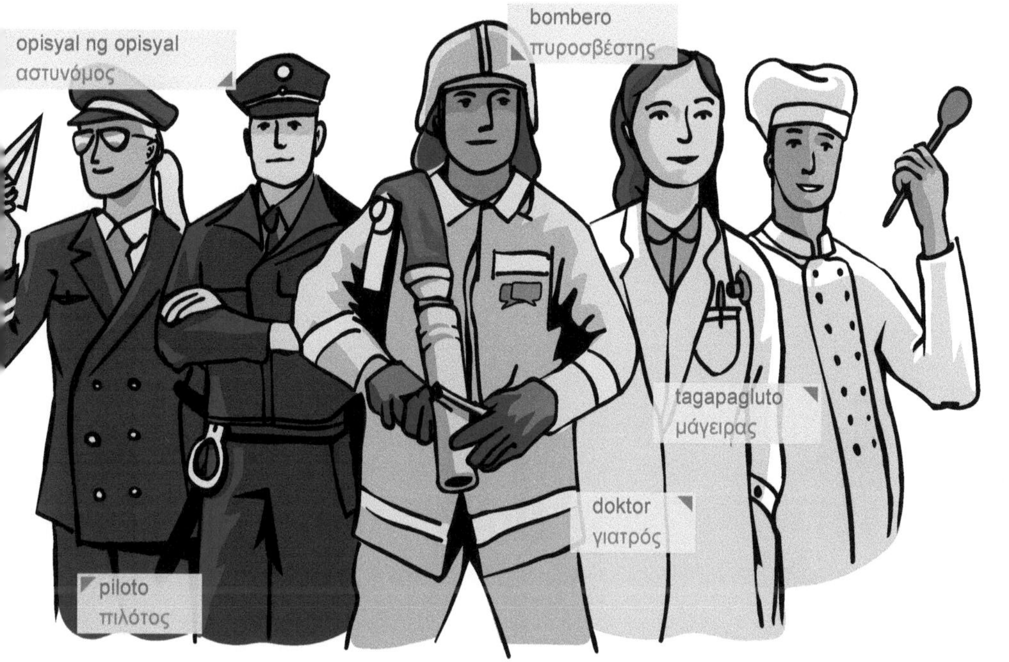
opisyal ng opisyal
αστυνόμος
bombero
πυροσβέστης
tagapagluto
μάγειρας
doktor
γιατρός
piloto
πιλότος

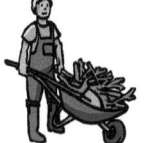

hardinero

κηπουρός

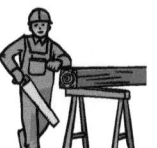

karpentero

ξυλουργός

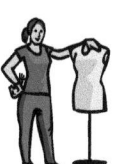

mananahi

μοδίστρα

hukom

δικαστής

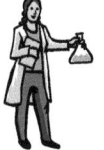

kemiko

χημικός

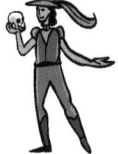

aktor

ηθοποιός

tsuper ng bus

οδηγός λεωφορείου

tsuper ng taxi

ταξιτζής

mangingisda

ψαράς

tagapaglinis

καθαρίστρια

tagapagkabit ng bubong

τεχνίτης στεγών

waiter

σερβιτόρος

mangangaso

κυνηγός

pintor

ζωγράφος

panadero

αρτοποιός

elektrisyan

ηλεκτρολόγος

tagapagtayo

οικοδόμος

inhinyero

μηχανολόγος

magkakarne

κρεοπώλης

tubero

υδραυλικός

kartero

ταχυδρόμος

sundalo

στρατιώτης

arkitekto

αρχιτέκτονας

kahera

ταμίας

magtitinda ng bulaklak

ανθοπώλης

manggugupit

κομμωτής

konduktor

ελεγκτής εισιτηρίων

mekaniko

μηχανικός

kapitan

καπετάνιος

dentista

οδοντίατρος

siyentipiko

επιστήμονας

rabbi

ραβίνος

imam

ιμάμης

monghe

μοναχός

klero

ιερέας

mga kagamitan
εργαλεία

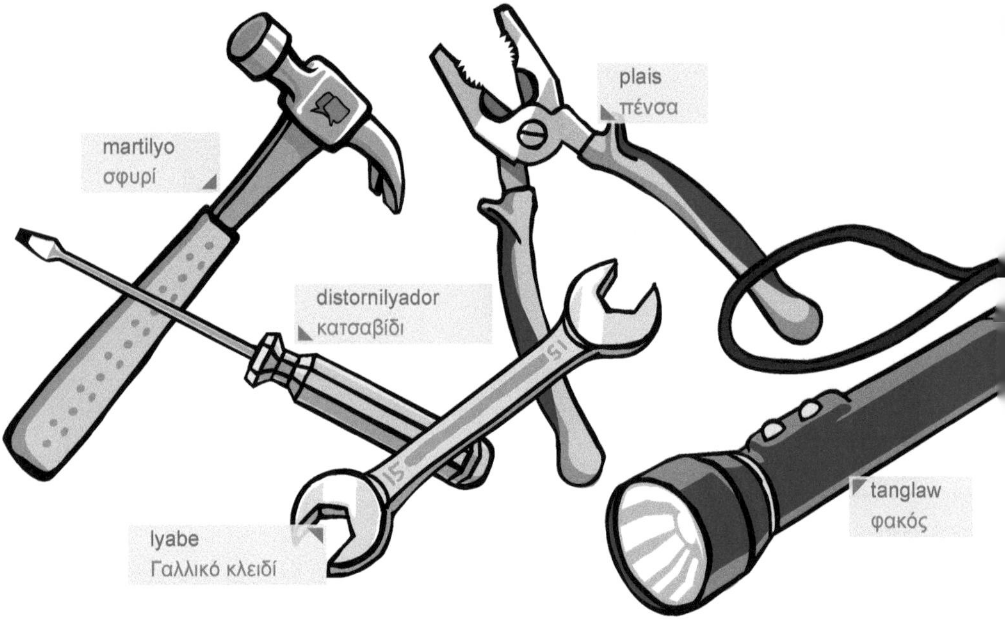

martilyo
σφυρί
plais
πένσα
distornilyador
κατσαβίδι
lyabe
Γαλλικό κλειδί
tanglaw
φακός

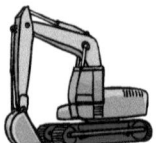

panghukay
εκσκαφέας

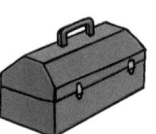

toolbox
εργαλειοθήκη

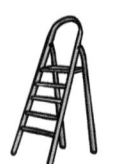

hagdan
σκάλα

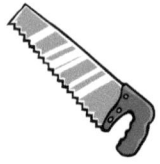

lagari
πριόνι

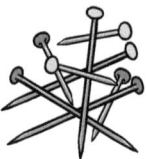

mga pako
καρφιά

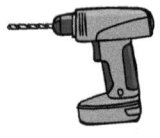

pambutas
τρυπάνι

kumpunihin
....
επισκευάζω

pala
....
φτυάρι

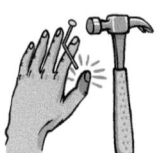

Kainis!
....
Να πάρει!

pandakot
....
φαράσι

palayok ng pintura
....
δοχείο χρωμάτων

mga tornilyo
....
βίδες

mga pangmusikang instrumento
μουσικά όργανα

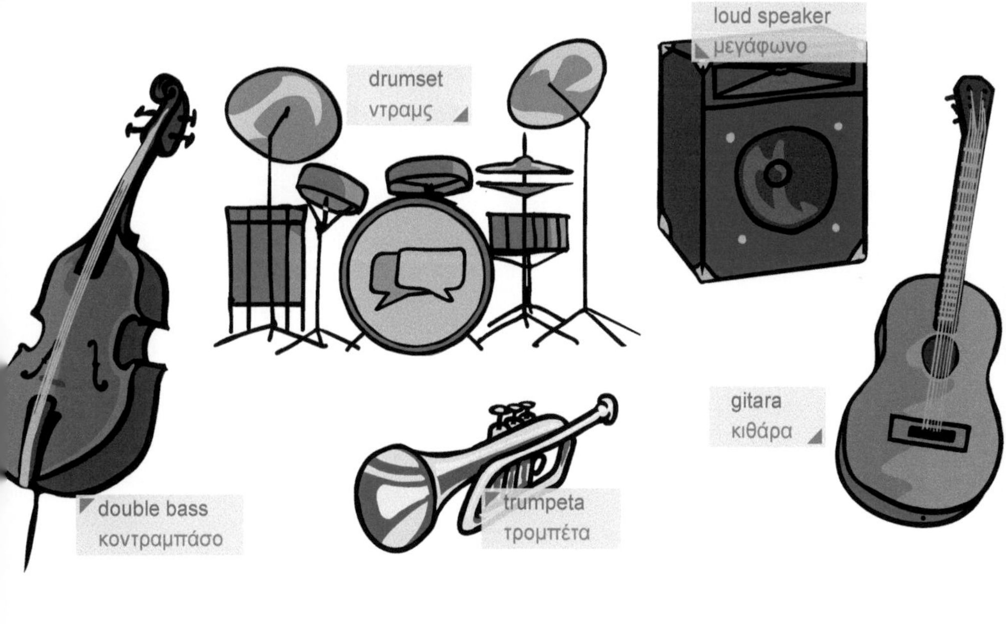

drumset
ντραμς

loud speaker
μεγάφωνο

gitara
κιθάρα

double bass
κοντραμπάσο

trumpeta
τρομπέτα

piyano
πιάνο

biyolin
βιολί

bass
μπάσο

timpani
τύμπανα

mga drum
τύμπανο

keyboard
πλήκτρα

saksopon
σαξόφωνο

plauta
φλάουτο

mikropono
μικρόφωνο

ZOO
ζωολογικός κήπος

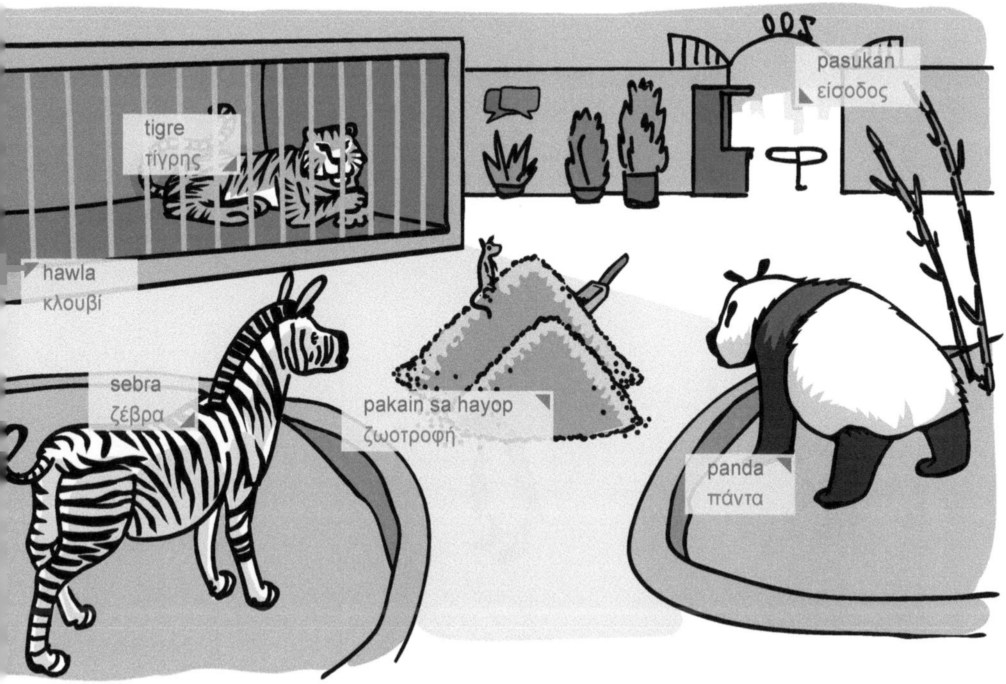
pasukan
είσοδος
tigre
τίγρης
hawla
κλουβί
sebra
ζέβρα
pakain sa hayop
ζωοτροφή
panda
πάντα

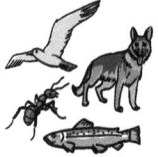

mga hayop

ζώα

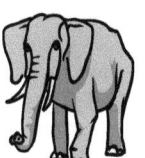

elepante

ελέφαντας

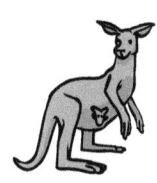

kanggaro

καγκουρό

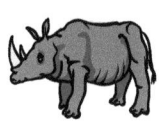

rhino

ρινόκερος

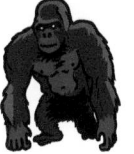

gorilya

γορίλας

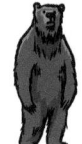

oso

αρκούδα

kamelyo

καμήλα

ostrich

στρουθοκάμηλος

leon

λιοντάρι

unggoy

πίθηκος

flamingo

φλαμίνγκο

loro

παπαγάλος

polar bear

πολική αρκούδα

penguin

πιγκουίνος

pating

καρχαρίας

paboreal

παγώνι

ahas

φίδι

buwaya

κροκόδειλος

tagapag-alaga ng zoo

φύλακας ζωολογικού κήπου

seal

φώκια

jaguar

τζάγκουαρ

buriko
πόνυ

leopardo
λεοπάρδαλη

hipo
ιπποπόταμος

dyirap
καμηλοπάρδαλη

agila
αετός

bulugan
αγριογούρουνο

isda
ψάρι

pagong
χελώνα

walrus
θαλάσσιος ίππος

soro
αλεπού

gasel
γαζέλα

zoo - ζωολογικός κήπος

Amerikanong putbol
Αμερικάνικο ποδόσφαιρο

pamimisikleta
ποδηλασία

tennis
αντισφαίριση

basketbol
μπάσκετ

paglalangoy
κολύμβηση

boksing
πυγχαμία

ice-hockey
χόκεϋ επί πάγου

soccer
ποδόσφαιρο

badminton
μπάντμιντον

atletiks
στίβος

handball
χάντμπολ

skiing
σκι

polo
πόλο

mga aktibidad
δραστηριότητες

tumawa
γελάω
tumalon
πηδάω
yakapin
αγκαλιάζω
lumakad
περπατάω
kumanta
τραγουδάω
mangarap
ονειρεύομαι
magdasal
προσεύχομαι
halikan
φιλάω

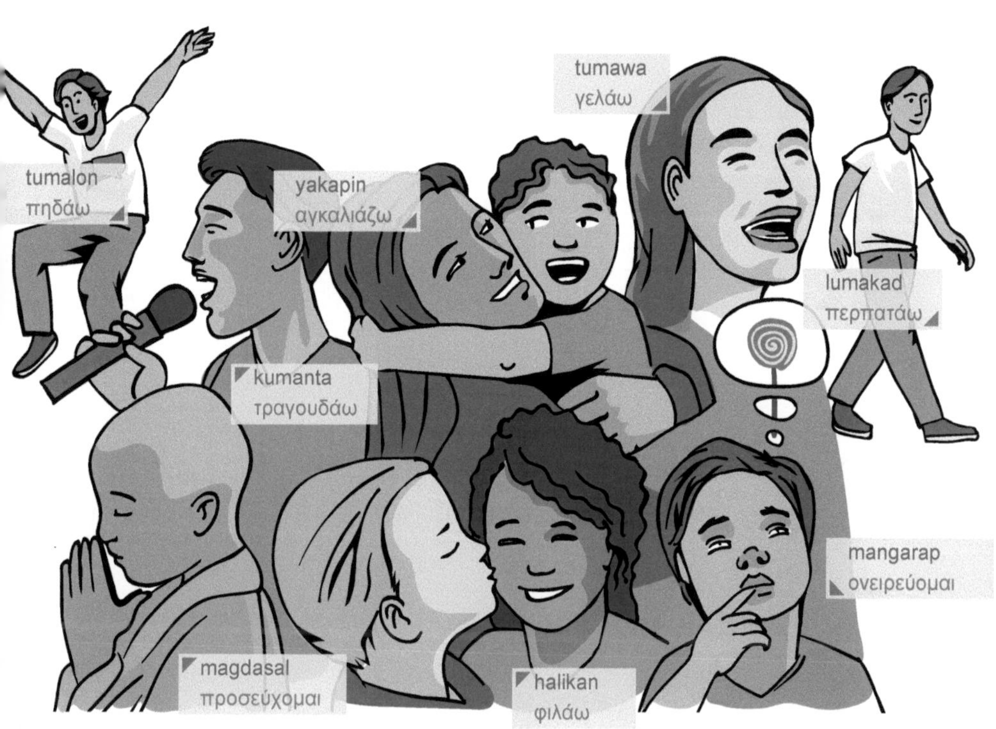

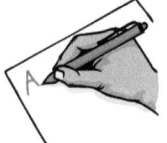

sumulat

γράφω

gumuhit

σχεδιάζω

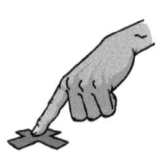

ipakita

δείχνω

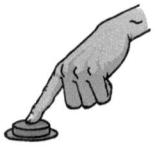

itulak

πιέζω

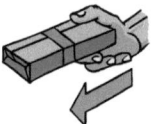

magbigay

δίνω

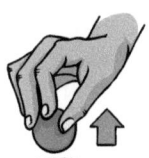

kunin

παίρνω

magkaroon

έχω

gawin

κάνω

maging

είμαι

tumayo

στέκομαι

tumakbo

τρέχω

hilahin

τραβάω

itapon

ρίχνω

malaglag

πέφτω

mahiga

ξαπλώνω

hintayin

περιμένω

dalhin

κουβαλώ

umupo

κάθομαι

magbihis

φοράω

matulog

κοιμάμαι

gumising

ξυπνάω

tumingin

κοιτάω

umiyak

κλαίω

estilo

χαϊδεύω

magsuklay

χτενίζω

magsalita

μιλάω

intindihin

καταλαβαίνω

magtanong

ρωτάω

makinig

ακούω

uminom

πίνω

kumain

τρώω

linisin

συγυρίζω

mahal

αγαπάω

magluto

μαγειρεύω

magmaneho

οδηγώ

lumipad

πετάω

maglayag

κάνω ιστιοπλοΐα

kalkulahin

υπολογίζω

basahin

διαβάζω

matuto

μαθαίνω

trabaho

δουλεύω

pakasalan

παντρεύομαι

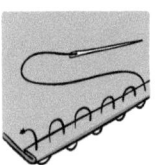

tahiin

ράβω

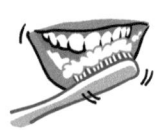

magsipilyo ng ngipin

βουρτσίζω τα δόντια

patayin

σκοτώνω

manigarilyo

καπνίζω

magpadala

στέλνω

lola
γιαγιά

lolo
παππούς

ama
πατέρας

ina
μητέρα

sanggol
μωρό

anak na babae
κόρη

anak na lalaki
γιος

panauhin
καλεσμένος

tiya
θεία

tiyo
θείος

kuya
αδελφός

ate
αδελφή

katawan

σώμα

noo
μέτωπο
mata
μάτι
balikat
ώμος
daliri
δάχτυλο
mukha
πρόσωπο
baba
πιγούνι
kamay
χέρι
binti
πόδι
suso
στήθος
bisig
βραχίονας

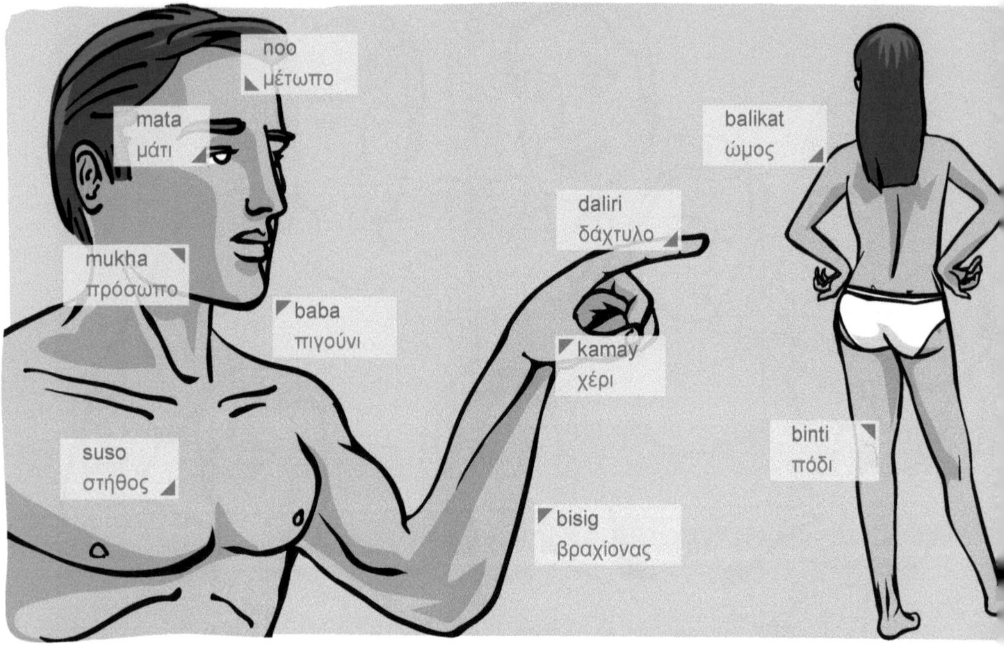

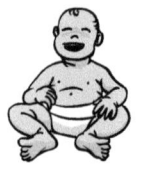

sanggol
μωρό

lalaki
άνδρας

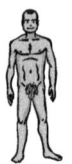

babae
γυναίκα

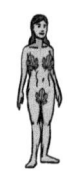

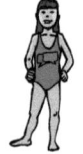

batang babae
κορίτσι

batang lalaki
αγόρι

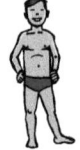

ulo
κεφάλι

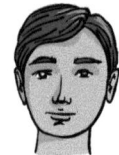

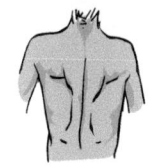

likod

πλάτη

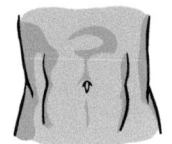

tiyan

κοιλιά

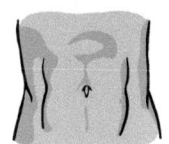

pusod

αφαλός

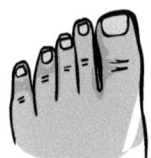

daliri ng paa

δάχτυλο ποδιού

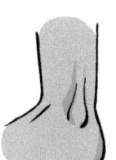

takong

φτέρνα

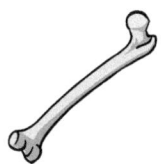

buto

κόκκαλο

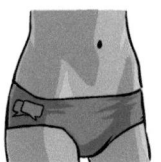

balakang

γοφός

tuhod

γόνατο

siko

αγκώνας

ilong

μύτη

gitna

γλουτός

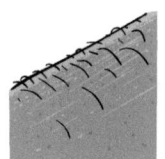

balat

δέρμα

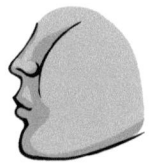

pisngi

μάγουλο

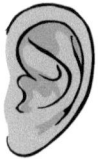

tainga

αυτί

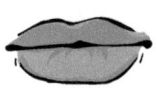

labi

χείλος

bibig
στόμα

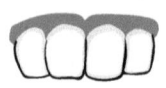

ngipin
δόντι

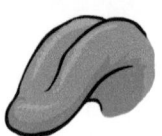

dila
γλώσσα

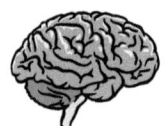

utak
εγκέφαλος

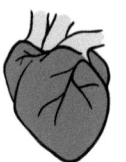

puso
καρδιά

kalamnan
μυς

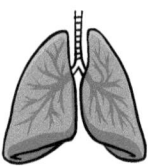

baga
πνεύμονας

atay
συκώτι

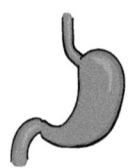

sikmura
στομάχι

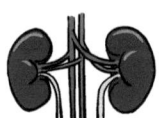

mga bato
νεφρά

pagtatalik
σεξουαλική επαφή

kondom
προφυλακτικό

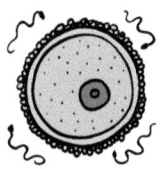

obyum
ωάριο

semen
σπέρμα

pagbubuntis
εγκυμοσύνη

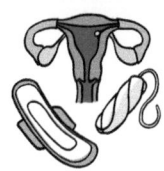

pagreregla

περίοδος

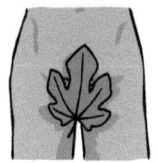

vagina

γυναικείος κόλπος

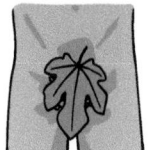

ari ng lalaki

πέος

kilay

φρύδι

buhok

μαλλιά

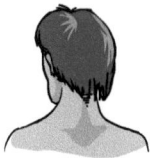

leeg

λαιμός

ospital

νοσοκομείο

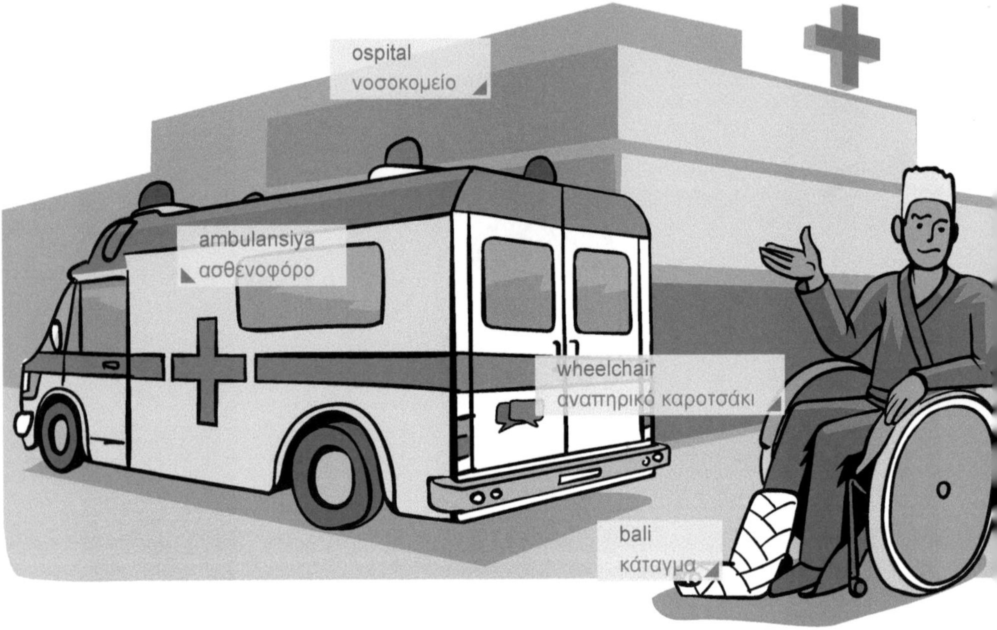

ospital
νοσοκομείο
ambulansiya
ασθενοφόρο
wheelchair
αναπηρικό καροτσάκι
bali
κάταγμα

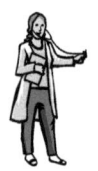

doktor

γιατρός

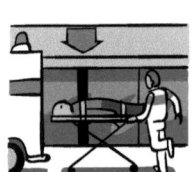

silid pang-emergency

μονάδα εντατικής θεραπείας

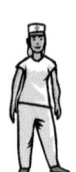

nars

νοσοκόμα

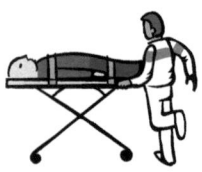

emerhensiya

έκτακτη ανάγκη

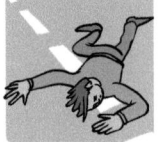

walang malay

λιπόθυμος

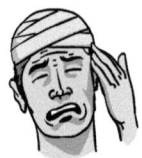

pananakit

πόνος

pinsala

τραύμα

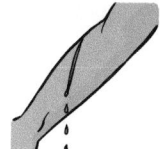

nagdurugo

αιμορραγία

atake sa puso

έμφραγμα

atake serebral

εγκεφαλικό

alerdye

αλλεργία

ubo

βήχας

lagnat

πυρετός

trangkaso

γρίπη

pagdudumi

διάρροια

sakit ng ulo

πονοκέφαλος

kanser

καρκίνος

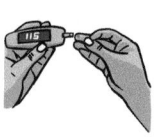

diyabetis

διαβήτης

siruhano

χειρουργός

iskalpel

νυστέρι

operasyon

εγχείρηση

CT

αξονική τομογραφία

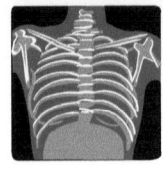

x-ray

ακτινογραφία

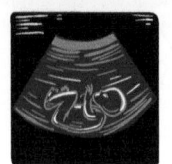

ultrasound

υπέρηχος

maskara sa mukha

μάσκα

sakit

ασθένεια

silid-antayan

αίθουσα αναμονής

saklay

πατερίτσα

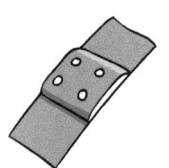

plaster

χάνσαπλαστ

benda

επίδεσμος

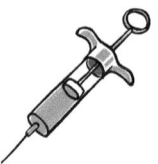

iniksyon

ένεση

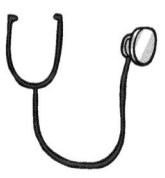

istetoskopyo

στηθοσκόπιο

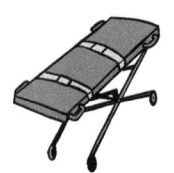

estretser

φορείο

klinikal na termometro

θερμόμετρο

pagsilang

γέννηση

labis sa timbang

υπέρβαρο

hearing-aid

ακουστικό βαρηκοΐας

pang-disimpekta

αντισηπτικό

impeksyon

λοίμωξη

bayrus

ιός

HIV / AIDS

HIV/AIDS

medisina

φάρμακο

bakuna

εμβολιασμός

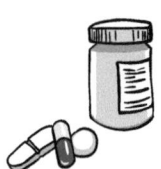

mga tableta

δισκία

tabletas

χάπι

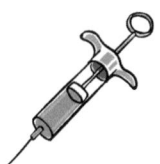

emergency na tawag

λήση έκτακτης ανάγκης

pagmamatyag sa presyon ng dugo

πιεσόμετρο αίματος

may sakit / malusog

άρρωστος / υγιής

Tulong!

Βοήθεια!

alarma

συναγερμός

asulto

βιαιοπραγία

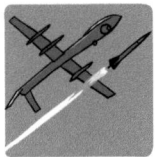

atake

επίθεση

panganib

κίνδυνος

labasang pang-emergency

έξοδος κινδύνου

Sunog!

Φωτιά!

fire extinguisher

πυροσβεστήρας

aksidente

ατύχημα

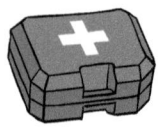

kagamitan sa paunang lunas

κουτί πρώτων βοηθειών

SOS

SOS

pulis

αστυνομία

Europa

Ευρώπη

Hilagang Amerika

Βόρεια Αμερική

Timog Amerika

Νότια Αμερική

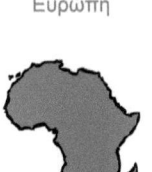

Aprika

Αφρική

Asya

Ασία

Australia

Αυστραλία

Atlantika

Ατλαντικός Ωκεανός

Pasipiko

Ειρηνικός Ωκεανός

Dagat Indiano

Ινδικός Ωκεανός

Dagat Antarktika

Ανταρκτικός Ωκεανός

Dapat Arktika

Αρκτικός Ωκεανός

Hilagang polo

Βόρειος Πόλος

Timog polo

Νότιος Πόλος

Antartika

Ανταρκτική

mundo

Γη

lupa

γη

dagat

θάλασσα

isla

νησί

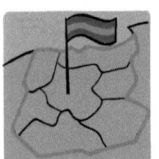

bansa

έθνος

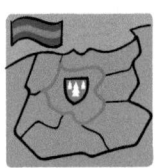

estado

πολιτεία

mukha ng orasan
καντράν ρολογιού

orasang kamay
ωροδείκτης

minutong kamay
λεπτοδείκτης

segundong kamay
δείκτης δευτερολέπτων

Anong oras na?
Τι ώρα είναι;

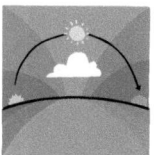

araw
ημέρα

oras
χρόνος

ngayon
τώρα

digital na relo
ψηφιακό ρολόι

minuto
λεπτό

oras
ώρα

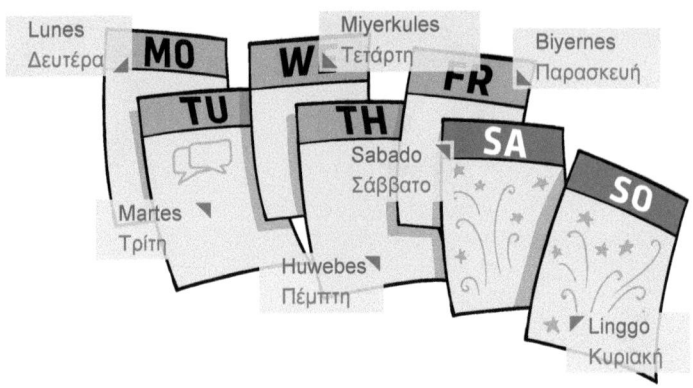

kahapon
....
χθες

ngayon
....
σήμερα

bukas
....
αύριο

umaga
....
πρωί

tanghali
....
μεσημέρι

gabi
....
βράδυ

mga araw ng negosyo
....
εργάσιμες ημέρες

katapusan ng linggo
....
Σαββατοκύριακο

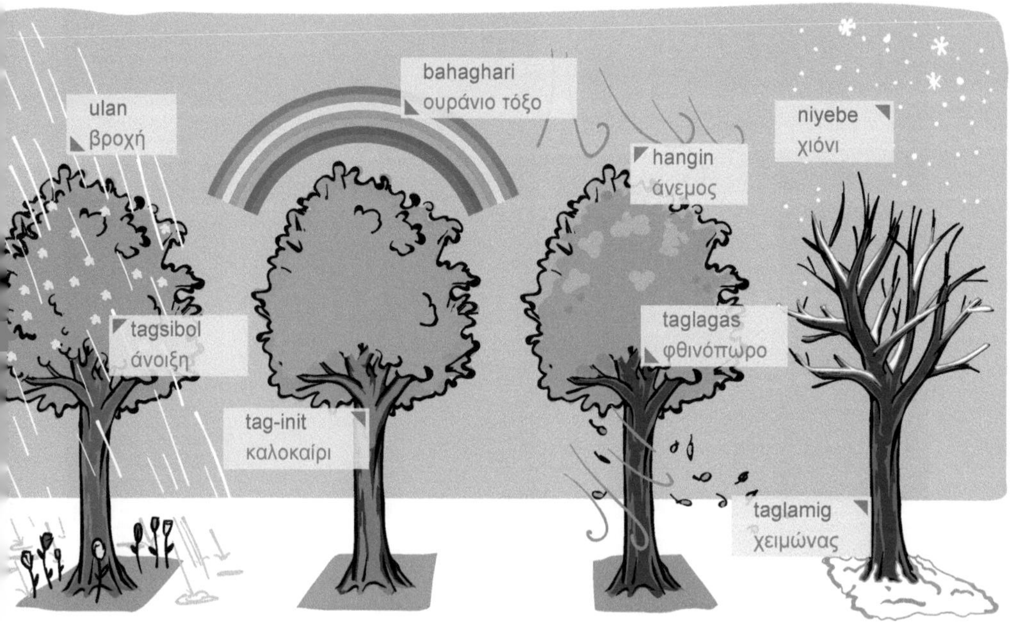

ulan
βροχή
bahaghari
ουράνιο τόξο
niyebe
χιόνι
hangin
άνεμος
tagsibol
άνοιξη
taglagas
φθινόπωρο
tag-init
καλοκαίρι
taglamig
χειμώνας

4.APRIL 11°
5.APRIL 4°
6.APRIL 13°
7.APRIL 8°
8.APRIL 10°

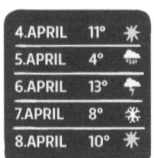

lagay ng panahon

πρόγνωση καιρού

F
C
120
90
60
30
0
-30
40
30
20
10
0
-10
-20

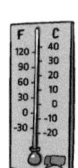

termometro

θερμόμετρο

sikat ng araw

λιακάδα

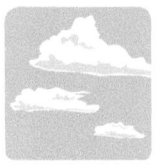

ulap

σύννεφο

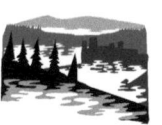

hamog

ομίχλη

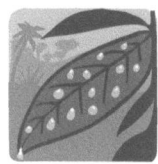

kahalumigmigan

υγρασία

kidlat

αστραπή

kulog

κεραυνός

bagyo

καταιγίδα

may yelong ulan

χαλάζι

tag-ulan

μουσώνας

pagkain

πλημμύρα

yelo

πάγος

Enero

Ιανουάριος

Pebrero

Φεβρουάριος

Marso

Μάρτιος

Abril

Απρίλιος

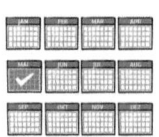

Mayo

Μάιος

Hunyo

Ιούνιος

Hulyo

Ιούλιος

Agosto

Αύγουστος

taon - έτος

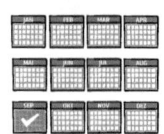

Setyembre

Σεπτέμβριος

Oktubre

Οκτώβριος

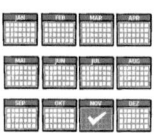

Nobyembre

Νοέμβριος

Disyembre

Δεκέμβριος

bilog

κύκλος

parisukat

τετράγωνο

rektanggulo

ορθογώνιο
παραλληλόγραμμο

tatsulok

τρίγωνο

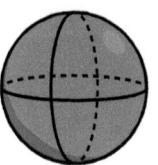

pabilog

σφαίρα

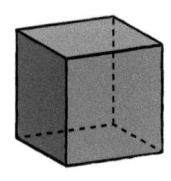

kyub

κύβος

puti

άσπρο

dilaw

κίτρινο

kahel

πορτοκαλί

rosas

ροζ

pula

κόκκινο

ube

μωβ

asul

μπλε

berde

πράσινο

brown

καφέ

grey

γκρι

itim

μαύρο

marami / kakaunti

πολύ / λίγο

takot / kalmado

θυμωμένος / ήρεμος

maganda / pangit

όμορφος / άσχημος

simula / katapusan

αρχή / τέλος

malaki / maliit

μεγάλος / μικρός

matingkad / madilim

φωτεινός / σκοτεινός

kuya / ate

αδελφός / αδελφή

malinis / madumi

καθαρός / λερωμένος

kumpleto / kulang

πλήρης / ατελής

araw / gabi

ημέρα / νύχτα

patay / buhay

νεκρός / ζωντανός

malawak / makipot

φαρδύς / στενός

nakakain / hindi nakakain

βρώσιμος / μη βρώσιμος

masama / mabuti

κακός / ευγενικός

nakakatuwa / nakakainip

ενθουσιασμένος / βαριεστημένος

mataba / payat

παχύς / λεπτός

una / huli

πρώτος / τελευταίος

kaibigan / kaaway

φίλος / εχθρός

puno / walang laman

γεμάτος / άδειος

matigas / malambot

σκληρός / μαλακός

mabigat / magaan

βαρύς / ελαφρύς

gutom / uhaw

πείνα / δίψα

may sakit / malusog

άρρωστος / υγιής

ilegal / legal

παράνομος / νόμιμος

matalino / tanga

έξυπνος / χαζός

kaliwa / kanan

αριστερός / δεξιός

malapit / malayo

κοντινός / μακρινός

bago /gamit na

καινούριος /
μεταχειρισμένος

wala /mayroon

τίποτα / κάτι

matanda / bata

γέρος | νέος

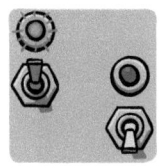

naka-on / naka-off

αναμμένος / σβηστός

bukas / sarado

ανοιχτός / κλειστός

tahimik / maingay

χαμηλόφωνος /
μεγαλόφωνος

mayaman / mahirap

πλούσιος / φτωχός

tama / mali

σωστός / λανθασμένος

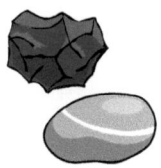

magaspang / makinis

τραχύς / λείος

malungkot / masaya

υπημένος / χαρούμενος

maikli / mahaba

κοντός / μακρύς

mabagal / mabilis

αργός / γρήγορος

basa / tuyo

υγρός / στεγνός

maligamgam / malamig

ζεστός / δροσερός

digmaan / kapayapaan

πόλεμος / ειρήνη

0	**1**	**2**
sero	isa	dalawa
μηδέν	ένα	δύο

3	**4**	**5**
tatlo	apat	lima
τρία	τέσσερα	πέντε

6	**7**	**8**
anim	pito	walo
έξι	εφτά	οκτώ

9	**10**	**11**
siyam	sampu	labing-isa
εννιά	δέκα	έντεκα

12
labindalawa
δώδεκα

13
labintatlo
δεκατρία

14
labing-apat
δεκατέσσερα

15
labinlima
δεκαπέντε

16
labing-anim
δεκαέξι

17
labimpito
δεκαεφτά

18
labing-walo
δεκαοκτώ

19
labinsiyam
δεκαεννέα

20
dalawampu
είκοσι

100
daan
εκατό

1.000
libo
χίλια

1.000.000
milyon
εκατομμύριο

Ingles

Αγγλικά

Amerikan na Ingles

Αμερικάνικα Αγγλικά

Tsinong Mandarin

Μανδαρίνικα Κινέζικα

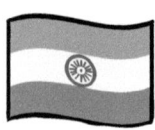

Hindi

Χίντι

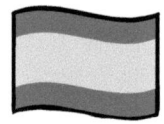

Espanyol

Ισπανικά

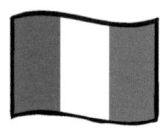

Pranses

Γαλλικά

Arabe

Αραβικά

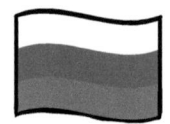

Ruso

Ρώσικα

Portuges

Πορτογαλικά

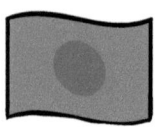

Bengali

Μπενγκάλι

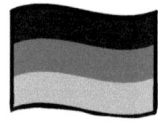

Aleman

Γερμανικά

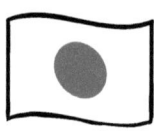

Hapon

Ιαπωνικά

ako

εγώ

ikaw

εσύ

siya / siya / ito

αυτός / αυτή / αυτό

kami

εμείς

ikaw

εσείς

sila

αυτοί / αυτές / αυτά

sino?

ποιος / ποια / ποιο;

ano?

τι;

paano?

πώς;

saan?

πού;

kailangan?

πότε;

pangalan

όνομα

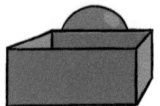

likuran

πίσω

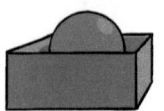

saan

μέσα

sa harap ng

μπροστά

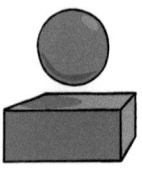

itaas

πάνω από

sa

πάνω

ilalim

κάτω

katabi

δίπλα

pagitan

ανάμεσα

lugar

μέρος